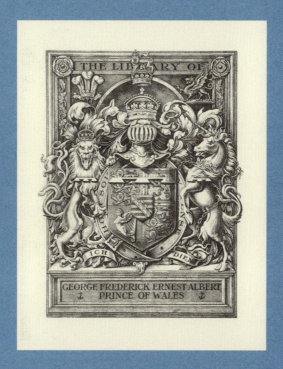

LAW BOOK REVIEW

法律书评 ⑫

苏 力 主编

图为英王查理二世的藏书票

本书出版得到 傑翔 基金的资助，谨此致谢。

北大法治研究中心 主办

主编：苏力（北京大学法学院）

本期执行主编：李晟（中国海洋大学法政学院）

编辑委员会：

胡凌（上海财经大学法学院）

李晟（中国海洋大学法政学院）

田雷（华东师范大学法学院）

魏磊杰（厦门大学法学院）

于明（华东政法大学法律学院）

岳林（上海大学法学院）

助理编辑：

杨肯（北京大学法学院）

法律书评 (12)

目录 CONTENTS

专题研讨——本土墨香

1 / 导言：法律史研究的多元维度

3 / "近代法"的别样叙述
　　——阅读与思考李秀清教授《中法西绎》一书　　赖骏楠

14 / 晚清法律的东方主义表达
　　——《中法西绎》读后　　杜金

24 / 中西法律交流史研究的新范式
　　——评《中法西绎：〈中国丛报〉与十九世纪西方人的中国法律观》　　汪强

专题研讨——异域书品

33 / 导言：超越"西方的东方"

35 / "无法"的中国如何缔造现代的美国？
　　——评《法律东方主义》
　　　　〔美〕蒂莫西·韦伯斯特　著　吴雅婷　译

43 / 迈向一种真诚的法律东方主义
　　——评《法律东方主义》
　　　　〔法〕皮埃尔·勒格朗　著　郭宪功　译

58 / 东方主义与比较法研究的应为路径
　　——评《法律东方主义》
　　　　〔英〕陈玉心　著　段泽裕　译

64 / 国际法的批判史何以可能？
　　——评《国家间的正义》与《法律东方主义》
　　　　〔美〕珍妮弗·皮茨　著　马东飞　译

法律书评 (12)

超越法律

75 / "达沃斯人"的黄昏？ 　　　　　　　　　　　　孙璐璐

法学悦读

83 / 英国法治的"偶像破坏者"
　　——读《司法治国：英格兰法庭的政治史(1154—1701)》
　　　　　　　　　　　　　　　　　　　　　　　叶开儒

97 / 美国宪政的代际问题
　　——以"林肯六篇"为例　　　　　　　　　　　苏　心

109 / 法治中国的共和维度
　　——读《法治的中国道路》　　　　　　　　　　张　强

126 / 什么是他的贡献？
　　——评苏力的"学术批评"　　　　　　　　　　桂　华

跨学科视野

137 / 组织形态还是政治正当性：党际竞争的
　　　双重视角
　　——兼评王奇生教授《党员、党权与党争》　　　邵六益

154 / 陀思妥耶夫斯基的《罪与罚》中面对法律
　　　规则的困境　　　　　　　　　　　　　　　　盛铀钧

167 /《法律书评》稿约

专题研讨——本土墨香

导言：法律史研究的多元维度

本期书评所集中讨论的专题，依然延续上两期关于"乡土社会政法研究"与"'建国'的法律与历史阐释"所形成的思路，致力于中国问题的思考，同时在特殊性问题中提升普遍性的理论。

本期书评所讨论的第一个专题，是李秀清教授的著作《中法西绎：〈中国丛报〉与十九世纪西方人的中国法律观》。冯象教授在《法学三十年：重新出发》中深刻地指出，法学应当"上升为史学而承载民族精神，加入一个伟大的学术传统"。李秀清教授的这本著作，也可以视为当下中国法律史研究中以此为目标的努力之一。

相比较传统的法律史著作，该书提供了一个更为多元的维度，超越了单向度的对"自我"抑或"他者"的研究，而是将其交织在一起，建构了彼此交互的镜像，从而使读者既认识到中国法律传统，又认识到西方知识界对中国法律传统的理解，并进而认识到在这种西方对中国的理解基础之上形成的知识/权力体系的运作与扩张。因此，该书的研究，不仅是针对

中国法律史抑或中西交流史,更有助于对世界体系的宏观理论思考。

本期这一专题安排了三篇书评,从不同视角展开了对于《中法西绎》的评论,希望通过这一系列书评的讨论,能够进一步激发学术批评与争鸣,从而更加深化对相关问题的讨论和思考。

(李秀清:《中法西绎:〈中国丛报〉与十九世纪西方人的中国法律观》,上海三联书店 2015 年版。)

"近代法"的别样叙述
——阅读与思考李秀清教授《中法西绎》一书

赖骏楠*

一

"近代法"的故事,是否仅限于"西法东渐"的故事?是否一定就是 19 世纪以来欧美法律观念、术语和制度——借西方在华传教士之手——的传入?是否一定就是 20 世纪初留日法科学生带来的法律知识变迁?是否一定就是戊戌前后的创举、沈家本主导的修律事业,以及声势浩大的清末预备立宪运动?很显然,李秀清教授的新作——《中法西绎》——直接以标题的形式,为"近代法"故事增添了一个长久以来相对受到忽视的维度。[①]与"正统"近代法律史研究侧重于欧、美、日法律术语、观念、学说、制度和实践(可统称"西法")之"输入"中国法律本体(亦即"东渐")的做法不同,本书关注的几乎是正相反的方向:在 19 世纪的中西文化交流史中,"中国法"是如何被译介和诠释进入西方知识圈的,以及"中国法"在"帝国之眼"(借用陈利类似主题作品的标题[②])中,究竟呈现为何种形态?

"中法西绎"的维度有着多重的学术意义。首先,它直接丰富了我们对近代法律史本身的认识。它让我们认识到近代法的历史不仅仅是一个西方法律输入中国的单向度过程,而是尚存在一个中国法文化和法实践

---

* 上海交通大学凯原法学院讲师,法学博士。
① 参见李秀清:《中法西绎:〈中国丛报〉与十九世纪西方人的中国法律观》,上海三联书店 2015 年版。
② See Li Chen, *Chinese Law in Imperial Eyes: Sovereignty, Justice, and Transnational Politics*, New York: Columbia University Press, 2016.

之传入西方知识界的过程(而且该过程的开始时刻要比前一过程更早)。其次,它有可能帮助我们更完整地讲述好"西法东渐"的故事。在这方面,该书作者所提出的疑问是发人深省的:19世纪中叶以来西方知识圈中盛传的中国法印象,"是否出口转内销,反过来又影响着睁眼看世界的中国一代先驱们和洋务运动中改革派知识分子们关于中西法律的评判",是否对于清末修律变法产生了实质性影响?(第58—59页)再次,它也有助于深化我们对中国法律传统本身的理解。尽管19世纪欧美知识界对于中国法的描述充满各种偏见,但作为中西法律交流的重要资料,这种描述能够凸显西方观察者眼中若干"惊异"的、不同于西方法的中国法元素。因此,这种跨文化的观察,或许有助于我们去深刻把握中国传统法律中的某些独特和本质的面向,从而为传统法律史研究带来意想不到的启发。复次,一旦我们迈出狭义的"法律史"的界限,我们也将发现,"中法西绎"之维,有助于我们更全面地理解中外关系史上的重要事件和现象:历次武装冲突、战争、不平等条约中的领事裁判权条款,等等。鉴于在19世纪西方知识界、法律界乃至政界盛传的、普遍呈现为负面色彩的中国法形象,相关研究者无疑将会追问:这种对中国法的负面评价以及相关的"法律冲突",是否构成中英鸦片战争和随后设立在华领事裁判权制度的一个诱因。最后,"中法西绎"的视角,也能构成全球史视野下"帝国"研究中的重要一环。考察对"中国法"话语在欧美殖民帝国之知识界和政治界中的形成、传播和扩散,及其与中外关系史中历次事件的复杂关联,有助于澄清作为一种知识/权力体系的法律在欧美霸权扩张中所扮演的关键角色。①

二

该书是李秀清教授在陆续经历八年时间后所完成的近代法律史作品。作者最初的研究旨趣,仍是遵循着较为传统的"西法东渐"的思维,倾向于考察近代美国宪政模式对于清末民初中国宪政的影响。随着研究的

---

① 最后一个方面的研究,例见刘禾:《帝国的话语政治:从近代中西冲突看现代世界秩序的形成》,生活·读书·新知三联书店2009年版(尤其第四章);Li Chen, *Chinese Law in Imperial Eyes: Sovereignty, Justice, and Transnational Politics*, New York: Columbia University Press, 2016;陈利:《法律、帝国与近代中西关系的历史学:1784年"休斯女士号"冲突的个案分析》,邓建鹏、宋思妮译,载《北大法律评论》第12卷第2辑,北京大学出版社2011年版;赖骏楠:《国际法与晚清中国:文本、事件与政治》,上海人民出版社2015年版(尤其第二章)。

深入,作者意识到,若要完整地理解整个近代中美法律交流史,则有必要超出清末民初之十余年的时间界限,并且要摆脱宪法、法律领域的"拘囿",从而回溯至这两种法律文化交往之源头来进行考察。于是,在19世纪上半叶至中叶的中美法律文化交流史中,作者追寻到了一个案件——特拉诺瓦案(Terranova),以及一份杂志——《中国丛报》(The Chinese Repository,1832—1851)。前者是早期中美关系史中的一个重要刑事案件(发生于1821年),并对此后美国知识界对中国法的表述,乃至对之后的美国对华政策造成了实质影响;后者则是美国第一个来华传教士裨治文(E. C. Bridgman)创办的英文刊物,该刊物是19世纪重要的汉学刊物,其所刊发的文章和报道直至20世纪仍被西方汉学家所引用,而在其丰富的内容中,亦包含不少与中国法律有关的内容。因此,作者的研究重心,便从20世纪初西方法律之输入中国及其在华影响,转变成19世纪西方知识界对中国法的观察与评价。①以"中法西绎"四字为该书标题,便显得至为妥当。

该书的第一章是对"特拉诺瓦案"的历史考察。1821年9月,一艘名为"埃米莉号"(Emily)的美国商船停靠于广州港,船上一名意大利籍水手特拉诺瓦(Francis Terranova),在向靠抵船旁的一条小舢板上的中国妇女郭梁氏购买水果时发生争执,郭梁氏受伤并落水而亡。10月6日,中国官员登上"埃米莉号",并着手审理此案。根据作者对中美双方所做记录的考察,双方在本案中的主要争议点如下:在事实认定上,中方认定该民妇是由于特拉诺瓦用瓦坛掷击而导致落水身亡,而美方则认为受害人是因小舢板受潮水涨落影响而落水;在证据采纳上,中方依据的是目击证人民妇陈黎氏的陈述,美方则认为仅凭陈黎氏证言不足以定罪,且中方本不应拒绝听取和采纳美方提供的证据;在审理方式上,中方坚持县知事和行商出席在"埃米莉号"上举行的审判,但美方领事和美方指定的翻译却未被允许出席。因此,美方认为中方的调查和审理是"对正义的嘲弄",并拒绝主动将嫌犯特拉诺瓦交给中国官方(第16页)。中国官方则利用停止与美方交易这一华洋诉讼纠纷中的常用手段,以图实现迫使对方交凶之目的。在僵持两周多的时间后,特拉诺瓦于10月26日被中国官方

---

① 参见李秀清:《中法西绎:〈中国丛报〉与十九世纪西方人的中国法律观》,上海三联书店2015年版,前言,第1—6页。

强行带至广州受审,并于翌日遭绞刑处死。①

在第一章的后半部分,作者用较大篇幅思考了这场诉讼纠纷背后的更深层次原因,亦即双方对彼此文化(包括法律文化在内)之了解的缺失,以及双方针对对方所持有的文化上的优越感。就美国方面而言,虽然美国自独立战争年代就已经展开对华贸易,但对中国的了解程度却没有伴随贸易的增长而自动增长。在 19 世纪初第一批美国新教传教士来华传教之前,没有美国人对中国进行过较为认真、系统的研究。传教士来华之后,尽管他们为中美文化交流做出的贡献不可抹杀,但他们头脑中所天然带有的俯视和拯救"异教野蛮人"的心理,导致他们不可能真正做到平和、公允地介绍包括法律文化在内的中国文化。就中国方面而言,作者的考察也表明,尽管有少量介绍美国风俗与政治的中文作品问世,尽管有林则徐、魏源、徐继畬等人对于美国相关知识的初步搜集和了解,但大部分士大夫仍对美国所知甚微。直至鸦片战争之后中美展开条约签订的谈判时,地方督抚与朝廷仍不清楚中美之间于何时开始通商,乃至不知美国于何时脱离英国独立建国。与此同时,面对欧美资本主义携资本与武力不断涌入东亚世界这一咄咄逼人的态势,清朝官员仍在很大程度上抱守传统的华夷秩序观,并将包括美商在内的西方商人目为蛮夷,这导致《中英天津条约》(1858 年)不得不用一个条款专门规定:清朝官方文书不得再将英国国民称呼为"夷"。②因此,由于"双方都带着民族和文化的优越感,更无仰慕彼此文明的心胸和境界"(第 34 页),所以一旦像"特拉诺瓦案"这样的事件爆发,双方必然会产生对对方法律制度和处理方式的深刻不信任,从而将一个原本普通的涉外刑事案件上升为涉及主权和尊严的外交问题。只不过 1821 年的美国作为一个年轻的共和国,除了由领事和商人提出口头抗议,尚不具备采取其他更强硬措施的实力(该时期英国对华刑事纠纷的政策则要强硬得多)。然而,随着中国门户被英国在 19 世纪 40 年代以战争方式打开,乘虚而入的美国——以重提"特拉诺瓦案"的方式——却攫取了相比英国所获更为宽泛的在华领事裁判权限(1844 年

---

① 爱德华(R. Randle Edwards)曾主张,美国方面之所以在本案中屈服,是由于当时"埃米莉号"正在非法贩卖鸦片,所以无法采取强硬立场,参见〔美〕爱德华:《清朝对外国人的司法管辖》,李明德译,载高道蕴、高鸿钧、贺卫方编:《美国学者论中国法律传统》,中国政法大学出版社 1994 年版,第 455—456 页。

② 对于中英关系史由"夷"这一字眼所引发的交涉问题,参见刘禾:《帝国的话语政治》,生活·读书·新知三联书店 2009 年版,第二、三章。

《中美望厦条约》）。①

该书的第二章至第五章，即其余四章，则围绕《中国丛报》中有关中国法的内容展开全方位的考察。由于《中国丛报》的发行时期（1832—1851年），也正是鸦片战争前后一系列中外关系史上令人瞩目之事件相继发生的时期，所以考察该时期《中国丛报》对于清代法律的描绘和评价，或将有助于反思这种法律话语在中西关系史诸事件中可能的"推波助澜"作用（这正是我本人所最感兴趣之处）。

第二章属于对《中国丛报》有关中国法之内容的通论性质的研究。通过对该刊物各期内容的细致查阅，作者指出，《中国丛报》所刊载的有关中国法的文章和报道，不仅数量相当可观，而且涵盖了立法、刑法、诉讼、监狱和土地制度等诸多面向，因此值得引起法律史学界的充分关注。（第50—55页）

第三、四、五章分别从中国的帝制、刑法与诉讼三个方面，来展开对《中国丛报》相关内容的考察。第三章试图处理《中国丛报》中有关中国"公法"或"宪法"的内容。或许是有感于清季中国并不具备现代意义上的公法，作者转而关注《中国丛报》中最接近该主题的讨论，亦即有关中国政治中的帝制问题的讨论。作者考察的核心内容，则是美国来华传教士裨治文（1801—1861）对中国帝制的认识和看法，其所依赖的材料，正是裨治文在自己创办的《中国丛报》上发表的相关文章。作者的考察表明，裨治文对清代政治现实中的帝制的评价是明显负面的：中国皇帝权威的神圣性和绝对性，导致"中华帝国的君主不仅不能保护民众的自由、权利和安全，反而是丧失理性的、残忍地进行压迫，以求国家的稳定"（第67页）。因此，在这种评价之下，作为中国政制之基础的皇权就必须被摧毁。此外，作者也尝试对这种负面评价的原因进行分析。在她看来，个中原因，一方面，是18世纪末以后清代帝制本身存在的问题；另一方面，则是裨治文本人所依据的参照系——美国共和制及总统制——所带来的优越感。这其中的第二个方面无疑更易吸引读者眼球。根据作者的分析，作为在新兴的北美共和国中出身和成长起来的裨治文（其出身年份距离美国独立战争在时间上并不遥远，而且其出生地麻省也正是美国的"革命圣

---

① 参见李秀清：《中法西绎：〈中国丛报〉与十九世纪西方人的中国法律观》，上海三联书店2015年版，第35、43页。另见 Ruskola, Teemu (2005), "Canton is not Boston: The Invention of American Imperial Sovereignty," *American Quarterly*, vol. 57, no. 3, pp. 859-84.

地"),无疑对于本国的宪政体制——握有实权的国家最高元首以每隔四年举行一次的民选方式产生——充满自信,并且认为这种共和制政府要优于一切君主制政府(包括英国政府)。因此,裨治文对于中国帝制的评判,是建立于美国政治这一参照系的基础上的,而其评判结论所呈现出的负面色彩,也就在意料之中。(第71—78页)

第四章是对《中国丛报》所体现出的中国刑法观的分析。众所周知,中国传统法律,尤其是在制定法层面上的传统法,主要体现为刑律,而中国法制史研究的主流亦未脱离传统刑法史的研究,因此中国法的这一极为鲜明的面向,也自然不会逃脱《中国丛报》撰稿人的目光。在对《中国丛报》有关中国刑法中的犯罪种类、刑罚类型(尤其是死刑)、刑讯现象,以及1810年由小斯当东(Thomas Staunton)翻译为英文的《大清律例》的讨论和评价进行考察后,作者对当时西人的中国刑法观做出了如下归纳:(1)中国刑法处罚的暴力犯罪,尤其是杀人罪众多;(2)刑罚残酷且其感化功能受到忽视;(3)滥用刑讯拷问;(4)法律不具有确定性,官吏为谋取私利,时常将法律玩弄于股掌之间。(第99—100页)很显然,这些评价全是负面性的。而在作者看来,这种负面性评价的产生,既来源于一种所谓"东方主义"式的自负和优越感,又来源于对中国语言和中国法律观的深入了解的缺乏。(第100—105页)

第五章讨论的是《中国丛报》中有关清代诉讼的内容。由于《中国丛报》大部分时间内的出版地都是在中国境内(广州),所以其撰稿人得以直观接触到大量有关中国法律之基层实践——亦即诉讼——的各种信息,这也就导致《中国丛报》"所刊载的有关清代诉讼的内容最为庞杂"(第107页)。在对这些庞杂材料进行整理之后,作者归纳出《中国丛报》描绘出的清代诉讼的几大特征:(1)虽然有关诉讼程序的法律条文不少,但实践中却未被遵守,且无民事与刑事诉讼之区分;(2)容许匿名控告,并引诱百姓告发;(3)滥用刑讯逼供;(4)地方官员懈怠枉法,对案件不能予以公正、及时的判决,这也导致大量越诉和京控案件;(5)包括"三法司"和皇帝在内的中央最高司法机关,却也无法胜任"正义体系"最后一道关口的角色;(6)监狱状况恶劣不堪。同样明显的是,所有这些评价都是负面的。而这种负面评价对于随后西方汉学界关于中国诉讼的看法,乃至对于社会学家韦伯有关中国司法乃是"卡迪司法"的判断,或许都造成了实质性影响。(第119—120页)

更有意思的是,作者在反思这种有关清代诉讼之负面印象的成因时,将裨治文等在华西人对中国法的考察,与几乎是在同时期赴美考察的托克维尔所创作的《论美国的民主》做了对比。这种对比表明:裨治文前往中国,是为了传播福音以拯救"野蛮的异教徒",而托克维尔远赴美洲大陆,则是为了了解美国之"强大""平等"和"民主"的奥秘;裨治文观察中国时的心中参考系,正是蒸蒸日上的联邦合众国,而被托克维尔用来与美国政治进行对比的事物,却是被历次革命折磨得"天翻地覆"、但同时顽固派仍在负隅顽抗的"旧大陆";由于中国官方对境内西人的种种监控,裨治文等人尽管身处中国,但能够获得的有关中国法的资料仍属有限且偏颇,而托克维尔则在美国受到热情接待,并获得大量书籍和文件(第123—125页)。在这种对比之下,两者在考察时的心态和目的、考察环境和考察方式等方面都大相径庭,不过在考察结果方面却同样未能做到真正的真实与客观:"裨治文之于中国,托克维尔之于美国,皆为跨文化的打量者,尽管他们均希望自己的描述和评判能够真实、客观,但作为俯视者的裨治文,抑或作为仰视者的托克维尔,实际上均未能做到。"①作者在本章最后部分的总结也无疑发人深省:"联想到自己,当在观察、分析异域法律,也就是用当下的学术话语,在从事法律的比较研究时,是否能克服俯视者或仰视者的局限,成为一个真正的平视者?"(第126页)

三

在介绍完该书的基本框架和主要内容后,我们可以发现,发行于19世纪30、40年代及50年代初的《中国丛报》所呈现出的中国法形象,无论从公法、刑法还是诉讼的角度而言,都呈现出浓烈的负面色彩。这种针对中国传统法律的定性与描绘,是否在一定程度上符合当时中国法的真实状况,此处暂时不予讨论。更令我(或许也令众多读者)好奇的问题,毋宁说是为何在19世纪上半叶和中叶的西方知识界产生了这种对于中国法的彻底负面的评价。考虑到在19世纪之前的许多时刻,中国往往被耶稣会传教士和启蒙思想家合力描绘为一个政治开明、法律公正、宗教宽容和

---

① 李秀清:《中法西绎:〈中国丛报〉与十九世纪西方人的中国法律观》,上海三联书店2015年版,第126页。当然,托克维尔在描述美国政治时是否使用的是彻底仰视的姿态这一问题,是有待商榷的。

思想发达的完美国度①,一个更引人深思的问题必然是:为什么西方的中国(法)形象在18、19世纪间经历了如此明显而又彻底的、从正面宣扬到负面否定的根本转变?如同上文所述,在该书若干章节中,作者也尝试过对此问题做出一定回应。但或许是怀着法律史家应有的谨慎,作者并未明显越出"《中国丛报》中的中国法律观"这一核心问题意识和考察对象,因而对我在此处提出的这一更宏大问题未曾提供完整的解答。而要系统地完成解答此问题的任务,或许需要众多学者在未来较长时日内的集体努力。②

然而,以"抛砖引玉"的方式引发学术沟通,并借此明晰彼此未来的研究思路,或许并非多余之举。在本文中,我愿意就"为何在18、19世纪间西方对于中国法的评价发生了剧烈的负面转向"这一问题,提出若干管见,也期待该书作者及其他师友的相应指正。首先,无疑需要指出的是,近代以来,西方知识界在面对中国政治与法律时所带有的根本性的优越感与偏见,是这种"野蛮的中国法"形象的深层次原因。与这种根本性话语结构相比,18世纪出现的对中国法的赞扬,似乎更像是一段插曲而非主调。该书作者也已在书中对此种优越论做过生动描绘:

> 立于西方中心主义,带着民族优越论,导致《中国丛报》的编者、作者以俯视的姿态,在摘译、转载《京报》等官府公报时会根据自己的喜好而有所取舍,在描述中国刑法时会有意或无意地特别关注野蛮、残忍的内容,也就是说,他们对阴暗的一面特别感兴趣。(第102—103页)

然而,为使这一"东方主义"式的话语框架呈现得更为生动、更具历史性,在纯粹的话语分析之外,我们需要向读者呈现出这一话语视野中某些更为具体的成因和事实,而这或许也是(不同于纯粹文化研究的)法律史研究的任务。就我思考所及,这种更为历史性与事实性的因素,可能包括

---

① 参见〔美〕J. J. 克拉克:《东方启蒙:东西方思想的遭遇》,于闽梅、曾祥波译,上海人民出版社2011年版,第63—72页;张国刚、吴莉苇:《启蒙时代欧洲的中国观:一个历史的巡礼与反思》,上海古籍出版社2006年版;周宁:《天朝遥远:西方的中国形象研究》(上卷),北京大学出版社2006年版,第135—282页;赖骏楠:《国际法与晚清中国:文本、事件与政治》,上海人民出版社2015年版(尤其第二章),第23—26页。

② 徐爱国教授主导的一个研究团队,曾对此问题尝试过初步解答,参见徐爱国主编:《无害的偏见:西方学者论中国法律传统》,北京大学出版社2011年版,第30—31页。

如下几个方面：

(1) 由于西方观察者和评论者对在当时而言极为陌生的中国传统法律的某些根本机理缺乏实质了解，所以他们就本能性地将这些他们不了解的部分简单化地斥为"野蛮"或"非理性"。此因素也被该书作者所捕捉到(第104—105页)。在我看来，这方面一个极为明显的例子，就在于西方人对于清朝处理"服制命案"及类似命案之方式的不理解。英国传教士马礼逊(Robert Morrison)曾在《中国丛报》上撰文指出，在中国法律中，家庭中的以尊犯卑杀人与以卑犯尊杀人，所获得的刑罚完全不同。马礼逊最终将这种对杀人罪的处罚依赖于双方地位关系的做法，定性为法律的"极度的不确定性"(第88页)。这明显是由于不了解儒家刑法文化的本质之一——"准五服以治罪"——所致。在儒家自身的伦常体系内，被马礼逊视为"不确定性"的这种处理方式，无疑是具有"天经地义"的确定性与正当性。

(2) 随着18世纪末以来西方对华贸易的逐渐增长，越来越多的西方船只及其所附带人员得以进入广州港，西方人得以更大幅度地实地观察乃至亲身经历中国法的实践。然而，伴随着对现实中的中国法的越加深入的接触，西方知识界或许未曾预料到的、中国法中的诸多不符合自启蒙以来的权利与正义观念的现象，突然呈现在在华西人眼前，这一方面导致了原有的美好想象走向破灭，另一方面则促成了关于"野蛮的中国法"的新话语的产生。

(3) 西方法律制度在18世纪末以来的诸多发展，也可能使得西方观察者在面对相对而言没有发生根本性剧变的19世纪中国法律时有了更为自信的"资本"。法国大革命意味着启蒙哲学及其人权与共和思想在这个西欧大国瞬间变为了制度现实(尽管这种现实是脆弱的)，《拿破仑法典》更是这场运动的最终法律结晶。几乎横亘整个19世纪的英国的立法、司法与宪政改革之成就，也有目共睹。因此，按照现代性本身的标准，即使18世纪的欧洲人在面对中国法律与政治时可能缺乏足够自信，但经历了且正在经历着法律现代化运动的19世纪中叶的西方知识人，无疑在面对中国法时带有了更多的自信与优越感。

(4) 18世纪末以来的西方知识界对中国文化整体之评价的衰退，也或多或少成为中国法形象之转变的一个思想背景。与启蒙运动盛期对中国政治与文化的正面评价相比，该时期更为晚期的思想家——如孔多塞——已经较为坚定地将中国视为一个未开化的专制国家,并认为在这个国家内不存在自由与进步。中国已经在这些思想家心目中成为一个"停滞"的帝国。[①]因此,这种对中国总体性评价的转变,或许也成为19世纪观察中国法律的西方人头脑中的一个思考前提。

四

在该书内容的启发下,在我看来,另有两个方面的问题,也或许值得相关学界予以进一步的研究。首先,是有关鸦片战争之前在华美国人服从中国政府与法律之管辖的问题。本书作者已经指出,在鸦片战争爆发之前,与英国方面形成鲜明对比的是,美方长期坚持服从中方的管辖权。即使在"特拉诺瓦案"爆发时,美方仍认为中国的法律在原则上必须得到遵循。因此,值得追问的是:美方在此问题上的态度,为何不如英方强硬?美方对此种政策的遵循,是由于"硬实力"不足所致(当时美国驻广州领事是由商人兼理,从美国政府处所能获得的资源也极为微薄),还是出自"意识形态"上的缘故(例如当时美国政界与知识界似乎更倾向于主张各国主权平等的国际法学中的自然法学派[②]),抑或是以上两种因素结合所导致的?其次,是有关清代法制本身的问题。该书作者曾提及,特拉诺瓦在被中国地方官员从美国商船上强行带走后,于当天在广州受审,翌日即被绞刑处死。在作者所列举的《中国丛报》对广州及附近地区华人罪犯之死刑执行情况的各篇报道中,不乏犯人在被审判定罪的当天或之后数日之内即被处死的例子(第93页)。从中国法律史学科的角度来看,如此执行死刑似乎太过随意:根据清代法律本身的规定,死刑案件,即使是立决案件,也需要经过将案件从省题奏至中央相关部门(主要是皇帝与三法司)的复杂的复核程序[③],但是以19世纪广州与北京之间的通讯条件,该程序无疑不可能在一日或区区数日内完成。因此,相关的值得思考的问题是:西方人对这些案件之死刑执行的记录和报道,是否全系伪造(而这种"伪造

---

① 例见〔美〕J. J.克拉克:《东方启蒙:东西方思想的遭遇》,于闽梅、曾祥波译,上海人民出版社2011年版,第76—78页。

② See Reeves, Jesses S. (1909), "The Influence of the Law of Nature upon International Law in the United States," *The American Journal of International Law*, vol. no. 3, pp. 547-61.

③ 例见那思陆:《清代中央司法审判制度》,北京大学出版社2004年版,第122—142页。

史"或许也是一个极有意思的选题)？如果并非全系伪造,那么这是否意味着当时清帝对广东当局授予了某种就地正法权限(若果真如此,那么"就地正法"制度的起源须重做考辨)？或者意味着皇权对这种基层滥杀实践的简单默许？

该书是李秀清教授近八年学术探索的一个结晶。该书也将是李教授未来八年、十年研究的一个起点。我相信,她将继续关注19世纪以来的中西法律文化交流史,并将以自己辛勤劳作,借助数不胜数的一手资料,来搭建出一幅独特且又完整的法律史图画。曾几何时,近代法律史是一个炙手可热的学术领域。然而,晚近十余年来,随着各种新问题、新方法、新材料对法律史学科的冲击,近代法领域反而有了渐渐远离学术镁光灯的趋势。为数不多的学者仍坚持在该领域默默耕耘。该书作者的研究表明,只要具备好的问题意识与视角,只要愿意付出持之以恒的努力,即使是在"旧"的领域,即使是使用相对较"旧"的材料(其实材料无所谓绝对的新旧之分,"旧"材料在新用法之下也能呈现出大量新色彩),仍能实现"新"的成就。《中法西绎》以其丰富的材料和充满洞识的观点,为"近代法"的故事添加进了绝对不能忽视的新情节。"近代法"的故事仍未结束,它需要包括作者在内的更多优秀人才的共同讲述,它需要中西法律史、比较法学,乃至国际关系学的各领域学人的共同参与。唯有如此,"东西方相遇"这一人类历史上的盛大事件,才能摆脱各种误会与偏见,才能以足够澄明的形象,出现在后人面前。

晚清法律的东方主义表达
——《中法西绎》读后

杜 金*

一

西方人关于中国文化的想象由来已久,并经历了从好奇、向往到睥睨的变化。随着16世纪欧洲至东方航路的开辟,中西贸易与交流开始兴起,来自遥远中国的物质与文明被大量输入欧洲,也掀起了追捧和崇尚东方文化的风潮。17—18世纪的欧洲,人们对于中国风情不吝赞美之辞,并将这些令人神往的异域元素模仿和融入他们的建筑、装饰与日常生活细节,一如热恋中的少年。不仅中国的物质文化大受追捧,而且道德和制度也广受称誉,成为开明专制的典范。然而时移世易,经历了18世纪的工业革命之后,欧洲人开始转向对中国文化的鄙夷与批判。特别是1793年英国马戛尔尼使团觐见乾隆皇帝后的铩羽而归,也揭开了这位神秘而高傲的东方公主的面纱,从此中国形象在西方人的心目中一落千丈,逐渐黯淡和幻灭。大清帝国沦落为经济衰落、政治腐败、民生凋敝的象征,彻底颠覆了曾经高贵华美的姿态。

伴随着西方传教士、商人和外交使节不断踏上中华帝国的土地,中西交涉案件出现并增多,这个古老帝国的道德、风俗、政制以及法律,也在异邦来客的眼中变得不堪起来。在西方文明优越感的支配下,他们对中国文化开始了"妖魔化"和"污名化"的想象与塑造。导致这种文化想象的根本原因,不外乎是西方渐次强盛而中国却不断衰弱的局势。姑且不论西

---

* 中山大学法学院副教授。

方人居高临下的姿态,从清季出使欧洲的中国人留下的文字中,我们也能读到"己不如人"的表达与意味。中国首位驻外使臣郭嵩焘,就曾有"羡叹西洋国政民风之美"的感慨。虽然文化没有高下,然而一旦设定尺度和标准,那么作为差异的事实,无疑就会呈现出某种价值的优劣。

关于这段近代中西文化交流史,学界已有不少佳作出版,今天的读者并不难以了解。而这其中,近代东西方法律的交汇与碰撞,也是研究者倾注心力之领域。不过,以往我们大多把目光投向中西方冲突的个案、西方法律著作的早期中文译介以及清末修律运动,有关近代西方人中国法律观的讨论却几近空白。因此,无论史料之探寻、议题之拓展、方法之淬炼、框架之厘定,均是有待发掘之富矿。

有必要指出,如果仅仅通过梳理相关史料和考释相关表达,来讨论西方人关于晚清中国法律的认知或者想象,就研究方法而言,似乎很难达致这一目标。因为在形塑"他者"的形象与观念时,不但会受困于"自我"业已形成的解释学意义上的"偏见"干扰,而且会受到文字翻译过程中难以避免的"讹误"的影响[①];同时,利益和标准上的考量,多少也会影响自我对于他者的建构。我们可以看到,晚清中西法律交涉过程中产生的诸多误解和冲突,事实上就涵盖了上述三个方面的问题。就此而言,考察近代国际交流史上西方人的中国法律观,除了梳理和分析他们的描述是否真实准确以外,亦有必要探讨他们之所以如此形塑和建构晚清中国法律形象的语境与动机,以及解释这些表达的意义与特征。舍此,也就难以作出妥当的评估。

二

如今,这本《中法西绎:〈中国丛报〉与十九世纪西方人的中国法律观》(上海三联书店 2015 年版),可以说是这一话题的尝试与实践。作者李秀清女士专攻外国法律史,兼治中国法律史,数度访学欧美著名学府,有着良好的学术训练与宽阔的学术视野。近十年来,她一直醉心于近代中西法律文化交流史的研治和写作,亦有若干论著问世,颇受好评。由她来叙

[①] 参见钱锺书:《林纾的翻译》,收入钱锺书:《七缀集》,生活·读书·新知三联书店 2002 年版,第 77—114 页。

说这段历史,可谓当行出色,游刃有余,该书即是这项工作的初步呈现。

全书由五篇论文构成,题为"中美早期法律冲突的历史考察——以1821年'特拉诺瓦案'为中心""《中国丛报》与中西法律文化交流史研究""裨治文眼中的清朝帝制——基于《中国丛报》所载相关文章之解读""《中国丛报》与19世纪西方人的中国刑法观""《中国丛报》中的清代诉讼及其引起的思考"。其中,第一篇论文是对"特拉诺瓦案"的详细考释与深描,第二篇是有关中西法律文化交流史的宏观概览,后面三篇论文则分别讨论和分析了帝制、刑法、诉讼等问题。另有两篇附录:"'小斯当东英译《大清律例》'述评"以及"美国报纸报道'蒲安臣使团''李鸿章使团'有关选译(附'导读')"。虽然文章各自独立,不过寻绎作者的构想与思路,还是可以清晰地看到其内在脉络以及主题之间延伸展开的逻辑关联,附录也有助于读者对问题背景的把握。

开篇的"特拉诺瓦案",发生在1821年9月。一艘来自美国巴尔的摩、名为"埃米莉号"的商船停靠在广州黄埔港,船上的意大利籍水手特拉诺瓦,在向暗自靠近商船的一只小舢板上的中国民妇郭梁氏购买水果时,起了争执,致郭梁氏受伤并落水身亡。10月6日,广州官员在"埃米莉号"上开庭审理此案,但美商拒绝交出嫌犯特拉诺瓦。为此,双方僵持了两个多星期,在这期间,中方官员下令停止与所有美国商船贸易。10月26日,特拉诺瓦被中国官员强行带走,在广州受审,并于27日凌晨绞刑处死。翌日,特拉诺瓦的尸体被送回"埃米莉号",美商为其举行了葬礼。①

案情并不复杂,但裁判是否公正?为了尽可能接近历史的真实,作者查阅了时任两广总督的阮元就此案所作的奏报、番禺官员的文件、船长和美国领事的往来信函、当事人与证人的证言、审判报告以及当时美国报纸刊发的报道,并比对了《大清律例》"化外人有犯"条和"斗殴及故杀人"条②的规定。在清代中国的法律框架下,"将此凶犯夷人'绞决',既是'照例'的结果,也符合杀人偿命、罪有应得的国人心理,顺理成章,平淡无奇"(第14页)。然而,这仅仅是中国官员的看法,美国商人却有不同意见。

---

① 参见李秀清:《中法西绎:〈中国丛报〉与十九世纪西方人的中国法律观》,上海三联书店2015年版,第1—2页。
② 参见田涛、郑秦点校:《大清律例》卷五·名例律下、卷二十六·刑律·人命,法律出版社1999年版,第122、430—432页。

他们辩称:第一,死者郭梁氏落水,并非嫌犯特拉诺瓦投掷瓦坛所致,而是由于潮水涨落造成小舢板偏离,郭梁氏急欲使其回归原位时发生的意外;死者头部的伤痕也并非瓦坛所击,系落水时碰到船沿或橹桨所致。第二,目击证人船妇陈黎氏所作的特拉诺瓦以瓦坛掷伤郭梁氏的证词,前后陈述矛盾;法庭不允许通英语的陈黎氏直接用英文作证,而是由译员翻译给在场的美国人听。第三,中方原本承诺听取美国人提供的证据,并平等对待和信任外国人,可是审判过程中却违背诺言,既不允许嫌犯本人申辩,也不同意美国领事和美方提供的翻译出庭,最终的有罪判决是"对正义的嘲弄"。第四,尽管美方清楚他们必须遵守中国法律,也不会抗拒判决的强制执行,但是鉴于中方违约在先,他们坚持认为特拉诺瓦无罪,并拒绝主动交出嫌犯,让他接受中国"血腥残酷的法律"的审判,因为这无疑是"对正义的嘲弄"(第15—16页)。总而言之,这些辩辞除了表明中美双方在事实认定上的差异外,更隐含了美国人对于晚清中国刑法及司法程序的不认同。在这些来自大洋彼岸的商人看来,这个陌生却充满商机的国度,无论实体法、证据规则还是审理形式都是野蛮和难以接受的,甚至连证人跪地作证之类的细节,也被他们视为荒唐的笑柄。当然,在这其中也包含了美国人对于中国官员在司法实践中表现出来的不守信用行为的指责。至于"血腥残酷"和"对正义的嘲弄",则涉及中美双方法律观念的差异。如果继续追问下去,这一差异的形成,或许是因为在案发当时的大洋彼岸,死刑制度和司法程序都已得到了改善,变得更仁慈,也更合理。①正是这种法律制度上的强烈反差,成为了"特拉诺瓦案"冲突产生的原因之一。然而,它所引发的争端,"是法律冲突,但又不仅仅是法律冲突"(第21页)。

可以说,尽管"特拉诺瓦案"本不复杂,却潜藏着中美两国在政治、外交、观念以及法律认知上的巨大差异,并因此影响了日后的中美邦交。正如作者在书中所指出,"它为多年后美国要求在华的治外法权埋下了伏笔,甚至被认为是与早期中美贸易有关的唯一政治事件"(第35页)。为了更好地呈现这一案件背后中美两国之间的复杂关系,作者不惜笔墨,层层揭开了冲突背后的两国交流史,以及中国人和美国人彼此在对方眼中

---

① 参见〔美〕斯蒂芬诺斯·毕贝斯:《刑事司法机器》,姜敏译,北京大学出版社2015年版,第7—55页。

的投影及成因,这也为理解"特拉诺瓦案"的政治意义与外交意义提供了一个既有时间维度又有事件维度的历史和文化语境,构成了该书的精彩篇章。中美两国法律以及法律观念上的差异,事实上只是产生冲突的浅表原因,而潜藏于其后的政治利益与经济利益,才是导致争端的深层和真正原因。通过考述案件以及围绕案件发生的争执,发掘案件背后深藏的中美早期贸易的历史语境,作者为我们层层揭示了"特拉诺瓦案"的丰富意涵。

如果说"特拉诺瓦案"只是考察西方人对于晚清法律想象的引子,那么《中国丛报》(*The Chinese Repository*)作为美国传教士裨治文(E. C. Bridgman)在中国境内创办的第一份成熟的英文期刊,它所关于中国法律的叙述与表达,则为19世纪乃至今天的读者打开了远眺晚清法律的窗口。事实上,帝制中国晚期的法律,无论对于19世纪阅读这份刊物的西方读者,还是生活在今天的我们,都是"他者"。李秀清女士在详细梳理了《中国丛报》的创刊史、作者群、主题分类与文章内容后,给这份期刊作出了基本的定位——"以西方人为主要阅读对象,目的是向他们介绍真实的中国",但其所载却"不尽真实",不免想象、偏见与失真(第60页)。正是这种"求真"与"失真"的混杂,才使《中国丛报》对于晚清中国法律形象的刻画与呈现,显得有些真假莫辨。它既向西方世界提供了关于中国法律的"真相",也使西方读者由此获得了可能产生误导的信息。

概括而言,《中国丛报》关于中国政制与法律的描述,大致轮廓如下:其一,在当时的丛报作者笔下,中国刑法的基本特征不外乎是定罪量刑的不确定性,暴力犯罪尤其是杀人罪众多,刑罚残酷(斩刑极为常见、还有凌迟和枭首),滥施刑讯逼供(第58页)。其二,中华帝国的皇帝和法律,不仅不能保护民众的自由、财产、权利和安全,反而丧失理性对其臣民残酷压迫,以求国家稳定。然而效果却背道而驰,不但无法维持稳定,还导致战争频发。其三,这一切皆要归因于皇帝的集权专制。皇帝不但无视民众的基本权利,而且对官员也采用了一套严格的监督机制和广泛的责任体系,即采取准军事化的控制手段。其四,皇权的至高无上,导致其不可能像西方国家那样,承认彼此之间的权利,并成为中西外交展开的障碍(第67—69页)。这些描述,与伏尔泰时代的西方思想家关于中国的想象和赞美相比,已是云泥之别。① 当然,今天的读者已经不会再满足于《中国丛报》对晚清政制和法律的泛泛而谈,于是,《中法西绎》的作者开始了一项颇有趣味的工作:通过该刊主编和主笔裨治文的背景信息,追查其文化优越感的由来。这种知人论世的分析策略,深化了我们对上述东方主义表达的理解。

再来看看《中国丛报》关于中国刑法与刑事司法的深描。除了介绍诸如杀人、抢劫、盗窃、放火、绑架、海盗、走私、通奸之类的犯罪以外,丛报作者也评述了西人眼中晚清中国刑法和诉讼的主要特征:一是死刑特别多,并强调"杀人偿命"之原则。虽然这一原则对中国人尚有少许例外,但外国人基本"逃脱不了一命抵一命的结局"(第 88 页)。二是中国的刑罚,"目的只是为了惩罚罪犯,而不是改造罪犯,教化罪犯";这种刑罚可以用来见证皇帝的血腥统治(第 92 页)。三是由于中国人没有信仰,不相信灵魂不灭,不畏惧全能的上帝,也不担心来世的报应,往往会孤注一掷,直至沦为"家长式法律"的牺牲品(第 94 页)。四是与西方公开执行死刑蕴含"忏悔"的意涵不同,中国的公开处决,根本未能产生刑罚应该具有的道德教化作用(第 95 页)。五是过度依靠刑讯手段获取证据和真相,引致刑讯滥用,因而成为世界刑讯最多的国家(第 95—96 页)。六是法律是皇帝意志的体现,造成法律修改的随意性;而《大清律例》"断罪无正条"和"不应为"条的存在,使司法官员自由裁量的空间过大,又造成法律的不确定性(第 98 页)。七是由于律例编撰者急于将一切可能发生的意外情况包揽无遗,免不了产生模糊之处,这给解释律例的官员带来极大的困难(第 104 页)。八是在司法实践中,地方官员容许匿名控告并引诱百姓告发,据以加强官方对地方社会的犯罪控制(第 108 页)。九是地方衙门审判不力,许多案件久拖不决,正义难以实现。即便越诉和京控,最终结局通常也不过是官府将申诉者遣回原籍了事,申诉人不但感觉到官府的无力和无能,而且难免蒙受由此转嫁的双重冤屈。有时因为语言不通或者两造

---

① 法国思想家伏尔泰曾经这样赞美中国的政治:"17 世纪,中国比印度、波斯和土耳其幸运得多。人类肯定想象不出一个比这更好的政府:一切都由一级从属一级的衙门来裁决,官员必须经过好几次严格的考试才被录用。"在这种行政制度下,"皇帝要实行专断是不可能的"。在谈到中国的道德和法律时,伏尔泰甚至认为:"中国人最深刻了解、最精心培养、最致力完善的东西是道德和法律。"参见〔法〕伏尔泰:《风俗论》(下),梁守锵译,商务印书馆 2008 年版,第 509 页;《风俗论》(上),第 249 页。相关讨论,参见何辉:《龙影——西方世界中国观念的思想渊源》,人民出版社 2015 年版,第 223—237 页。

都是穷人,官员并不认真对待。十是囹圄人满为患,充满了野蛮和暴力,与此同时腐败成灾(第112—116页)。

李秀清女士进而指出,《中国丛报》所描画的这些图景,并不完全出于丛报作者的凭空臆想;其素材具有多重源流,有些来自中国官方的报道,有些则来自丛报作者的观察。至于评价的形成,既源于18世纪晚期以来西方政制和法律这面特殊的镜子,照出了中国的种种弊病;同时也源于作者自身的道德情感与认知态度,比如丛报的两位核心人物裨治文和马礼逊(Robert Morrison)都是传教士,分别具有美国和英国的文化背景。(第47页)

在笔者看来,这些表达可以说是事实与想象的混合物。比如,丛报作者关于中国人宗教信仰的议论,显然出自他们的想象,而非对中国人宗教信仰和精神世界的切实观察。戴着这样的有色眼镜,丛报作者得出的中国人不担心"来世报应"的结论,显得毫无根据。[①] 再如,《中国丛报》关于法律体现皇帝意志而导致随意性的论点,关于"断罪无正条"及"不应为"造成官员自由裁量从而产生不确定性的判断,虽然不无道理,但也未免有些夸大失据。这样的评论,显然与近代西方追求法律的可预测性和裁判的确定性这一旨趣密切相关。虽然其中的一些描述和评判不免夸张和失实,但无论如何,这些素材对于我们理解晚清中国的法律与社会仍有价值。例如有关晚清中国各省死刑的数据(第91—94页),虽然零星,但却是不可多得的史料。

三

值得追问的是,研究近代中西法律交流史的意义究竟是什么? 与此同时,我们又应该采取什么样的学术姿态和研究方法? 在结束本文之前,笔者想就这些问题稍加讨论。

首先,是《中国丛报》这类由西方人创办、西方人执笔、以西方人为预期读者的刊物,它所描绘和想象晚清中国法律的旨趣。作者引述美国学者萨义德(Edward W. Said)的经典论断,即它"并没有我们经常设想的

---

① 有关中国人在法律上的报应观念的专题讨论,可以参见霍存福:《复仇、报复刑、报应说——中国人法律观念的文化解说》,吉林人民出版社2005年版,第202—249页。

那么具有客观性",而完全是一种"集体的想象"(第101页)。事实上,19世纪西方人对晚清中国法律的东方主义表达,固然不乏想象、扭曲与建构的成分,可是如果将它们与中国人自己的叙述相比较,似乎也不完全是毫无根据的臆度和曲解。虽不中,亦不远矣。只不过,当这些画面和色调来自西方人异色的眼瞳时,我们会多一份警觉。

如果将其置于鸦片战争之前西方列强图谋在中国攫取治外法权,以及鸦片战争结束之后中英签订《南京条约》及补充条款《五口通商章程》正式规定治外法权的语境之中,我们可以发现,西方人的借口一直是中国法律的野蛮与残酷。而在20世纪初,清政府基于废除治外法权的动力而推行修律运动,也把废除酷刑作为一项核心内容,在修律大臣沈家本呈奏的《删除律例内重法折》[①]等史料中均有清晰呈现。就此而言,理解这一时期的中西法律交流史或冲突史,方能理解此后的清末修律。

其次,是寻求对待作为"他者"的西方与作为"自我"的中国的适切态度。在该书的"代跋"中,作者以"缠足与束腰"为题,可以说是一对意味深长的符号和隐喻。传统中国的缠足固然伤残肉体,百年以前欧洲的束腰也是如此,两者同样以残忍的痛苦追求畸形的审美。实际上,在18世纪晚期至19世纪早期的欧洲刑法改革以前,它们的酷刑并不比中国文明,甚至有过之而无不及。关于这点,只需翻检一下欧洲刑罚史,就会对其刑罚的残酷和想象力叹为观止。[②] 或许,今天的我们在对待外国法律时,也应超越前人的态度,除了赞叹"束腰"的优雅,还须知晓背后的痛楚。一如该书作者所言,"应有必要的比较和自主的选择,有所遵循,有所取舍。而这,恐怕最是急务"(第129页)。对于当下中国借鉴西方的政制和法律,这是很好的提示。

人类认识自己,需要借助镜子(他者)的鉴照。可以说,自我认知的过程,同时也是参照和比对的过程。只有通过比较性的观察和分析,方能彰显自我与他者之异同。也因此,研究中国法律文化的学者,往往会以西方作为参照物,通过比较中西法律文化之异同,进而给出中国法律是什么、

---

① 参见沈家本:《删除律例内重法折》,载沈家本:《历代刑法考》(四),中华书局1985年版,第2023—2028页。
② 关于西方酷刑的研究,可以参见〔法〕贝纳尔·勒歇尔博尼埃:《刽子手世家》,张丹彤、张放译,新星出版社2010年版;〔美〕马克·P.唐纳利、〔美〕丹尼尔·迪尔:《人类酷刑史》,张恒杰译,经济科学出版社2012年版;〔美〕乔尔·哈灵顿:《忠实的刽子手》,钟玉珏译,大块文化出版股份有限公司2013年版。

有何特点的阐释。但是一方面,如何寻找适当的"功能相似物"作为参照,两个截然不同的客体之间如何存在比较的可能性,是研究者不得不小心翼翼面对的问题。正如英国历史学家彼得·伯克所指出的:"对这一方法持批评态度的人会说:'不能把苹果和橘子放在一起比较。'但是谁能决定在社会研究中什么算橘子,什么算苹果?"①另一方面,在选定了比较对象之后,如何进行比较,又会受到研究者的视角、立场和姿态的影响,有时也不可避免地导致偏离乃至有悖真相的结论。具体而言,如果本着崇敬的心态看待对方,便会刻意寻找被观察者的亮点,将其美化;倘若带着鄙视的目光去看,自然也会竭力夸大被观察者的缺陷,将其污名化甚至妖魔化。理想的视角,乃是采取平视、价值中立的态度,通过不同比较对象之间的"相互照明"②,得出客观、中肯、平实的判断。然而在某些情况下,即便采取了这样的学术姿态和立场,依然很难得到毫无偏差的结论。例如,当我们寻求中西差异最大化的时候,当我们试图通过比较分析建构法律文化类型学的时候,都会导致"失真"的出现。只不过,由于这种"失真"乃是为了凸显研究对象的独特性,不带价值判断和感情色彩,因而为学术研究所容忍,并成为一种为学者所倡导、被学界广泛使用的研究方法。

他者镜像中的自我认知,或者自我镜像中的他者形象的建构,均受到上述观察视角和价值观念的影响与约束。本文以"晚清法律的东方主义表达"③作为标题,意指19世纪的西方人以自身作为观察和比较的基准,将晚清中国法律描述和阐释为一种与"自我"相对的"他者"的异域;其间,虽然不无事实依据,却也不免想象与虚构,甚至掺杂着偏见与歧视。而《中法西绎》一书,则是作者李秀清女士基于对中国法律自我镜像的全面认知,就《中国丛报》建构出的中国法律形象(或者说呈现出的西方人的中国法律观)所进行的分析与评论。通过梳理19世纪西方人对中国法律的理解和描述,作者希望消解其造成的偏差。"缠足"与"束腰"这对隐喻,即表达了一种同情、平视的学术姿态。

最后,如果说上述隐喻体现了作者中国本位的学术立场,那么贯穿于

---

① 〔英〕彼得·伯克:《历史学与社会理论》(第二版),姚朋等译,刘北成修订,上海人民出版社 2010 年版,第 27 页。
② 就比较研究而言,钱锺书先生倡导的"相互照明"的态度,具有方法论的价值。参见钱锺书:《意中文学的相互照明——一个大题目,几个小例子》,载《书城》1999 年第 6 期。
③ 关于东方主义的讨论,参见〔美〕萨义德:《东方学》,王宇根译,生活·读书·新知三联书店 2007 年版。

全书的研究方法,则展现了作者的驾驭能力与学术水准,亦有借鉴意义。通常情况下,我们研究中西法律文化交流史,或者西方人关于晚清中国法律的表达史和建构史,往往会围绕建构什么、如何建构等问题展开,并以呈现晚清中国的法律形象为满足。这样的处理方法,可以使问题相对集中,也会使线索较为清晰。然而《中法西绎》一书并没有选择这一捷径,而是采取了更为复杂的叙事策略。作者不仅将研究对象回归具体的叙事语境,而且把问题置于更为广阔的历史背景;除了考察刊登于《中国丛报》的文章本身,还考察了文章作者的生活史以及《中国丛报》的办刊背景和立场倾向。这样的处理方式,使研究对象获得了历史的纵深度,同时也增加了研究本身的厚重感,相得益彰。在这个意义上,该书不仅是一部中西法律交流史,也是一部中西法律交流的社会文化史。

中西法律交流史研究的新范式
——评《中法西绎:〈中国丛报〉与十九世纪西方人的中国法律观》

汪 强*

> 我们只看见我们注视的东西,注视是一种选择行为。①
> ——约翰·伯格:《观看之道》

一

西方历史与中国历史的会合在16世纪已经开始,作用在19世纪中叶方才显现。② 于此期间,16世纪耶稣会士东来传教,1793年马戛尔尼使团来访以及1839—1842年中英鸦片战争等影响中西交往、互动的重大事件先后上演,西方人眼中的中国法律形象也从整体上的正面而渐渐转为负面。这种正负面的转换,在18世纪中叶已经出现,可能肇端于耶稣会士对中国叙事模式的转变,之前耶稣会士为在华传教将关于中国的叙事以赞誉为主,主要介绍一般知识,之后则试图以比较客观的方式探索中国历史与文化;亦可能与耶稣会内部关于"中国礼仪之争"(Chinese Rites

---

* 上海师范大学法政学院讲师。
① 〔英〕约翰·伯格:《观看之道》,戴行钺译,广西师范大学出版社2015年版,第5页。
② 参见徐中约:《中国近代史:1600—2000中国的奋斗》(第六版),计秋枫、朱庆葆译,世界图书出版公司2008年版,第2页。

Controversy)①暴露的矛盾导致西方人对耶稣会士著述不信任而更多转向游记文学有关,西方人的游记文学对于中国的叙述贬抑较多。② 1742年教宗本笃十四世出面结束"中国礼仪之争",耶稣会在华传教亦随之急速萎缩直至1773年耶稣会解散终止。③ 1793年10月8日,滞留在华的最后一位耶稣会士法国人钱德明(Jean-Joseph-Marie Amiot)溘然离世④,在华传教的耶稣会及其会士进入"历史";距此不远的同年6月19日,肩负打开英中贸易大门使命的英国马戛尔尼(George Macartney, 1st Earl Macartney)使团抵达中国海面⑤,向西方叙述中国,塑造中国形象的新的一代正式登场。马戛尔尼使团的预期外交目标均未实现,铩羽而归;但使团成员的记录、著述,却成为西方评价中国的新的起点,19世纪西方人的中国法律形象,"落后""野蛮""残忍",更是基于他们及之后前往中国的外交官、商人、旅行者、传教士的叙述逐渐定型。李秀清教授的新著《中法西绎:〈中国丛报〉与十九世纪西方人的中国法律观》所研讨的,正是这种19世纪的西方人眼中的中国法律形象问题。

二

《中法西绎》一书的书名即与众不同。虽然作者在书内行文中多次使用交流、冲突、碰撞等语词,但却于书名中选用"绎"字,对应英文书名为 Perception and Reception。无论是"绎"字,抑或 Perception,均关涉作为"他者"形象的描述与建构。由此细节可获知,作者的聚焦不再是冲突、碰撞等事件本身,而在于形象相关的塑造。这一焦点的转换,似乎也是一种暗示,即作者可能会运用一些新的理论以替代关于近代中国的法律史研究中所常借助的"挑战—回应"抑或"中国中心观"等理论模式。同时,需

---

① 中国礼仪之争(Chinese Rites Controversy)是指17世纪中叶到18世纪中叶,在中国传教的耶稣会士与罗马教廷之间有关中国传统祭祀礼仪性质的讨论,包括在中文选用语词表达基督教的神的概念以及中国基督教徒的祭祖祭孔礼仪问题。参见张国刚:《从中西初识到礼仪之争——明清传教士与中西文化交流》,人民出版社2003年版,第345页。
② 同上注,第284、344页。
③ 参见〔德〕彼得·克劳斯·哈特曼:《耶稣会简史》,谷裕译,宗教文化出版社2003年版,第53、117页。
④ 参见〔法〕费赖之:《在华耶稣会士列传及书目》,冯承钧译,中华书局1995年版,第873—876页。
⑤ 参见〔英〕马戛尔尼:《乾隆英使觐见记》,刘半农译,中华书局1916年版,第1页。

要注意,作者于书名副标题中使用了"西方"一词。无论是地理学中的"西方",抑或文化比较里的"西方",其本身具有差异且充满竞争与冲突,作者于此保持警惕;但对于作为"他者"的中国而言,其态度的一致性,并拥有基督教文明的优越感,以及在19世纪塑造中国法律形象时所扮演的角色几乎相同①;由此,作者使用"西方"一词,是难以避免的,适恰的。这里的"西方",是作为"文化共同体"的"西方",同时也暗示一种法律领域所存在的一个"西方法"。②

氏著核心由五篇论文构成,依次题为"中美早期法律冲突的历史考察——以1821年'特拉诺瓦案'为中心""《中国丛报》与中西法律文化交流史研究""裨治文眼中的清朝帝制——基于《中国丛报》所载相关文章之解读""《中国丛报》与19世纪西方人的中国刑法观"及"《中国丛报》中的清代诉讼及其引起的思考"。其中,论文以发生于1821年美国"埃米莉号"商船的水手特拉诺瓦(Francis Terranovia)致中国商贩郭梁氏死亡被清政府官员审判并处绞刑的案件为中心,检讨19世纪初中美贸易逐年增升形势下中国与西方的法律冲突及解决,背后隐藏的文化因素及裨治文(Elijah Coleman Bridgman)等新教传教士总体上的中国法律形象。论文二是裨治文创办《中国丛报》(Chinese Repository)的情况、《中国丛报》所刊载的涉及中国法政的文论情况及作为研究材料的《中国丛报》在中西法律文化交流史研究中的地位、价值。论文三、四、五以《中国丛报》刊载的相关文论为核心材料,分别检讨19世纪西方人的中国法律形象的负面具体面相——帝制、刑法与诉讼。作者认为,《中国丛报》中所刊载的帝制、刑法、诉讼等相关信息,是经过裨治文等"精心"挑选的,而这种"精心",与裨治文等文化优越感、民族主义情节、"集体的想象"、因为语言障碍造成的误读等因素密切相关。同时,氏著有两个附录,即"'小斯当东英译《大清律例》'述评"与"美国报纸报道'蒲安臣使团''李鸿章使团'选译(附'导读')",并几占过半篇幅。前者是1810年小斯当东(George Thomas Staunton)所译的《大清律例》(*Ta Tsing Leu Lee; Being the Fundamental Laws, and a Selection from the Supplementary Statutes, of the Pe-*

---

① 参见李秀清:《中法西绎:〈中国丛报〉与十九世纪西方人的中国法律观》,上海三联书店2015年版,前言,第9—10页。
② 参见〔日〕大木雅夫:《东西方的法观念比较》,华夏、战宪斌译,北京大学出版社2004年版,第19—24页。

nal Code of China）出版后发表于英国《爱丁堡评论》(Edinburgh Review）中的一篇述评，为首度中译；后者是 1866 年至 1870 年蒲安臣使团与 1896 年李鸿章使团在美时一些当地报纸的报道。

该著作中的五篇核心论文虽各有侧重，但其内在理路线索是紧密而明晰的，即塑造中国法律形象的材料产生的历史背景——塑造中国法律形象的材料本体的产生、内容——材料制作者如何借助材料塑造中国法律形象。同时，两个附录的制作亦有作者良苦用心，前者与 19 世纪塑造中国法律形象的新的一代相关，后者是 19 世纪西方人在中国法律形象定型后如何看待中国。

三

《中法西绎》一书并未过多地追究 19 世纪西方人眼中的中国法律形象是否真实以及真实的程度；而是把更多的注意力置于身处"异域"的观察者或者说是《中国丛报》这一材料的编制者身上。通过考察这些观察者为何下笔、如何行文，进而检讨 19 世纪西方人眼中的中国法律形象怎样形成。易言之，观察者的诸般细节，才是作者审视、考察、分析的对象。正如作者所言："既然都说'细节决定成败'，我们是否也可以说，细节成就历史，也唯有关注细节，才能客观描述历史。"（前言，第 7 页）

19 世纪起，"西方人眼中的中国、中国人及中国法律的形象也自此随之发生逆转，迷信依旧但政制没落、病入膏肓，民众傲慢、欺诈、道德沦丧，立法随意且法律缺乏确定性，刑法野蛮落后、血腥残忍，审判民刑不分且正义难求"（前言，第 7 页）。对于此种负面的形象，作者于书中亦有一些辨伪。如，"具体从《中国丛报》有关刑法的具体介绍和报道来看，它大多注有出处，比如摘译自《京报》或其他官府公报等，其中不乏客观事实。因此，其所描述的中国刑法具有一定的真实性，同时又存在想象的成分"（第 102 页）；又如，"清代诉讼存在许多问题，这无可否认。不过，借助于《中国丛报》的传播，及包括重要汉学著作在内对它的反复参引及这些著作本身的流布，清代诉讼所存在的问题，在当时西方人的脑海中被过度地扩大，乃至产生持久性的后遗症"（第 120 页）。但是，作者并未过度深究这些负面形象的真实性及其真实的程度，而是把重点置于历史的细节以及观察者——即描述、建构信息的制作者身上。这些细节是否是无关系无教训的细事？① 答案是否定的,通过这些细节的考察,可以理解观察者的"心态",可以明白负面形象的生成。

比如,作者对裨治文的"学术"背景做了简要介绍,"1801 年 4 月,出生于贝尔切城;1822 年入阿默斯特学院(Amherst College),习古典语言、数学、修辞、道德哲学和自然哲学等课程;1826 年,从阿默斯特学院毕业,升入安多弗神学院(Andover Theological Seminary);1829 年 10 月 14 日,接受美部会派遣,从纽约启程乘船前来中国传教,1830 年 2 月 25 日,抵达广州。此后,他积极学习中文,参与组织若干团体,撰书编刊……1832 年 5 月,在马礼逊等人的帮助下,创刊《中国丛报》……"(第 62 页)。这些细节看似多余,但是,我们可以看到一位好学且有所成的青年"学者";我们也可明白他所系统研习的是"西方"的文化;同时,亦可获知,从他学习中文到开始向西方读者介绍中国不过两年时间。这些细节表明裨治文身处"异域"观看"他者"时对他产生影响的知识与信仰,决定了他对于"他者"的感受,从而影响其编制面向西方读者材料时的取舍。又如,作者在分析观察者对于清朝帝制的问题时指出,从具体的行文看,裨治文对于帝制的抨击较马礼逊、郭实腊温和,而且与他一起共事者"多用'为人性情温和''性情平和从容'来描述他,甚至赞誉至'从未听到任何人(无论英国人、美国人还是中国人)对他稍有微词'的程度";但是,这样一位性格温和的人,对于帝制的抨击确是极其鲜明的(第 71—72 页)。同时,作者又对裨治文的《美理哥合省国志略》做了一番介绍。作者此处的用意不在其他,而是通过此段的细述说明"介绍、传播异域文化者,倘若涉及价值判断,往往会自觉或不自觉地以自己的成长背景、生活环境、知识范围等为基础而形成的观念和标准去进行评判"(第 72 页);说明观察者在编制材料时所带有的那种文化的优越感。再如,作者仔细梳理了《中国丛报》涉及的刑法方面的内容,关于犯罪,既有长篇介绍,更多的是具体报道,而且主要涉及杀人、抢劫、盗窃、放火、绑架、海盗、走私、通奸等方面;关于刑罚,对于死刑的摘录很多,多见于"时事报道"之中,常见 Decapitation(斩首)、Public Executions(公开处决)、Death by the Slow and Painful Process of Being Cut into Pieces(凌迟)(第 87—95 页)。通过这些细节的梳理,作者认为,"立于西方中心主义,带着民族优越论,导致《中国丛

---

① 参见〔美〕鲁滨孙:《新史学》,何炳松译,中国人民大学出版社 2011 年版,第 4 页。

报》的编者、作者以俯视的姿态,在摘译、转载《京报》等官府公报时会根据自己的喜好而有取舍,在描述中国的刑法时会有意或无意地特别关注野蛮、残忍的内容,他们对阴暗的一面特别感兴趣"(第 102—103 页)。书中类似细节许多,需读者仔细品读。概言之,观察者诸般细节才是作者所真正关注之处。正如作者所言:细节决定历史。

四

《中法西绎》一书出于文题所限,并未过多涉及 19 世纪最初二十年西方人如何看待中国法律,只是在书中援引了小斯当东的《大清律例》序言、发表于《爱丁堡评论》的一篇评论及梅森少校(Major George Henry Mason)的《中国的刑罚》(*The Punishments of China*:*Illustrated by Twenty-Two Engravings with Explanations in English and French*)稍加阐释。但作者援用《中国的刑罚》一书时,略有失察。作者于前言释"西方"一词的使用时,提及"梅森少校(Major George Henry Mason)的《中国的刑罚》(*The Punishments of China*,1801)和小斯当东英译的《大清律例》(1810),几乎成了其后很长时间西语相关论著的共同的引用资料"(前言,第 9—10 页);论及 19 世纪初期西方人的中国刑法观时,亦有"……米勒(William Miller)在其《中国的刑罚》一书中负中有正的评价"等语,并指出此书名为 *The Punishments of China*,*Illustrated by Twenty-two Engravings*(London,1801),并指明此处援引自田涛教授、李祝环教授的著作《接触与碰撞——16 世纪以来西方人眼中的中国法律》(第 100—101 页)。但是,两位教授关于此书的一些解读略有错误。米勒不是《中国的刑罚》的作者,而是出版商。据两位教授所著一书提供的原书封面,未见作者信息,只是在封面下端注明"Printed For William Miller,Old Bond Street"等信息,此封面与笔者所见之 1804 年版本,只有年份的差别。①又,1800 年一本名为《中国的服饰》(*The Costume of China*:*Illustrated by Sixty Engravings with Explanations in English and French*)的书出版,署名为 George Henry Mason,并注出少校军衔及驻扎所在;同时,下

---

① See *The Punishments of China*:*Illustrated by Twenty-Two Engravings with Explanations in English and French*,London,1804;参见田涛、李祝环:《接触与碰撞——16 世纪以来西方人眼中的中国法律》,北京大学出版社 2007 年版,第 124 页。

端注明"Printed For William Miller, Old Bond Street"等信息。由此可知，两位教授误读了封面信息。据以上信息亦可判断梅森少校是两书的作者。同时，需要指出，梅森少校绝非此书绘画者。根据《中国的服饰》一书前言，梅森少校只是在广州疗养期间收集了一些当时流行的外销画①；仔细查看书中所载图案，每幅左下角注明"Pu Gua Canton Delin"，可知绘画者是 Pu Gua。Pu Gua 是中国人，一般写作蒲呱，活动时间约于 18 世纪 60 年代到 19 世纪初。② 又，《中国的刑罚》一书所载图片未见绘图者信息，只有雕版者 Dudley 及出版商 Miller 的信息。③ 小斯当东则认为，这本书的绘图显然是翻刻于中国原版。④ 据美国学者普凯玲（Kathleen Poling）的研究，梅森少校虽然提供了绘画，但多大程度上目睹过相关刑罚是存疑的，他提供图片，包括刑罚的图片以及风土人情的图片雕版印刷刊行，只是满足西方读者对于东方信息的需求。⑤

《中国的刑罚》一书载有 22 幅图片，每幅附有文字说明；这本书在1801 年以英文、法文出版，其后有德文版；1804 年由米勒这一出版商再次刊印。这位出版商除此书外，亦于 1805 年刊印了马戛尔尼使团的制图员亚历山大（William Alexander）的《中国的服饰》(*The Costume of China Illustrated in Forty-Eight Coloured Engravings*)一书⑥；此书于 1815 年更名为《中国衣冠服饰图解》[*Picturesque Representations of the Dress and Manners of the Chinese (Illustrated in Fifty Coloured Engrav-*

---

① See George Henry Mason, *The Costume of China: Illustrated by Sixty Engravings with Explanations in English and French*, London, 1800, Preface. 又, 有研究者指出, 这些署名为蒲呱的原作, 近年已经发现, 2003 年为牛津大学的阿什牟理安博物馆购入收藏。参见王次澄等编著：《大英图书馆特藏中国清代外销画精华》(第二卷), 广东人民出版社 2011 年版, 第 2 页。

② 参见赵岩：《明清西洋风绘画研究（1579—1840）》, 东南大学艺术学博士学位论文 2006年, 附表五：南方口岸西洋风外销画家列表。

③ See *The Punishments of China: Illustrated by Twenty-Two Engravings with Explanations in English and French*, London, 1804.

④ See George Thomas Staunton, *Ta Tsing Leu Lee; Being the Fundamental Laws, and a Selection from the Supplementary Statutes of the Penal Code of China*, London, 1810, Translator's Preface, p. 26.

⑤ See Kathleen Poling, *The Performance of Power and the Administration of Justice: Capital Punishment and the Case Review System in Late Imperial China*, A dissertation submitted in partial satisfaction of the requirements for the degree of Doctor of Philosophy in History in the Graduate Division of the University of California, Berkeley, 2012, pp. 115-117.

⑥ See William Alexander, *The Costume of China Illustrated in Forty-Eight Coloured Engravings*, London, 1805.

ings, with Descriptions)]增加两幅图片并更换出版商为约翰·墨里(John Murray)后再次出版。① 由此看来,此种图文并茂的介绍中国的作品在西方世界颇为流行。

小斯当东的《大清律例》出版于1810年,无疑是19世纪西方人了解中国法律,形成中国法律形象最重要的材料。在《大清律例》的序言中,小斯当东指出:"在英格兰出版了一本题为《中国的刑罚》的书,这本书的绘图显然是翻刻于中国原版。画家根据自己的想象,展现出中国刑罚的残忍与野蛮。毫无疑问,这些残忍与野蛮的刑罚曾经存在,目前也可能看到;但不能据此认为它们符合通常的司法程序。"②结合前文可见,这本名为《中国的刑罚》的书,流布甚广;以至于小斯当东在其译著中,不得不加以特别指出其中可能的"错误"以正视听。但是,小斯当东的著述并没有改观西方人眼中的中国法律形象。如果我们阅读19世纪中叶以后西方人所拍摄的有关中国法律形象的照片③,就会发现它们几乎可从《中国的刑罚》中找到原型。④《中国丛报》的编制者们是否看到过《中国的刑罚》一书,没有确切的证据;但需要注意的是,《中国丛报》的宗旨之一即是"以评述那些已经出版的有关中国的外文书籍的方法,来说明中国已经发生的变化,分析这些书中阐述何者为真、何者为假,以阻止那些充斥着毫无价值的论述的西方书籍再版"(第50页);又,从《中国丛报》曾援引小斯当东的《大清律例》考量(第97—98页),从《中国丛报》所编译、刊发的大量关于中国刑法内容的文论考量,他们亦不会不关注这本图文并茂且与中国直接相关的图集。是不是可以有这样的理解:这些编制者在创刊《中国

---

① See William Alexander, *Picturesque Representations of the Dress and Manners of the Chinese*(*Illustrated in Fifty Coloured Engravings, with Descriptions*), London, 1805.

② See George Thomas Staunton, *Ta Tsing Leu Lee; Being the Fundamental Laws, and a Selection from the Supplementary Statutes of the Penal Code of China*, London, 1810, Translator's Preface, pp. 26-27.《大清律例》前言的中文译文,亦可参见〔英〕乔治·托马斯·斯当东:《小斯当东回忆录》,屈文生译,上海人民出版社2015年版,第216页。

③ 摄影术最早在中国使用,是1844年法国拉尊尼使团访华期间,海关官员于勒·埃迪尔(Jules Itier)所进行的一次拍摄广州市井风情、官僚富商及参加中法谈判的中法代表的活动。参见南无哀:《东方照相记:近代以来西方重要摄影家在中国》,三联书店2015年版,第1页。

④ 英国的探险家、摄影师约翰·汤姆森曾经于1862—1872年在华拍摄1000余幅照片,后结集出版。其中第三册,第13,14张照片,分别名为 the Cangue Punishment、the Cage Punishment;与《中国的刑罚》中第13,15图相类。See J. Thomson, *Illustrations of China and Its People*, Volume Ⅲ, London, 1874; *The Punishments of China: Illustrated by Twenty-Two Engravings with Explanations in English and French*, London, 1804.

丛报》向西方读者介绍关于中国的法律,为西方读者塑造中国法律形象之前,已经通过获取其他信息而形成了自己的中国法律形象;因此,他们是带着前见的,他们的塑造只是复制、强化的塑造。

五

《中法西绎》一书是一部比较法律史的著作,是作者近些年在比较法律史研究领域精耕细作的一份总结。氏著延续了作者一直以来所坚守的治学风格——据史料而言史事,究史事而成史论。但氏著所出现的一些新动向颇值得重视。比如,氏著中常见"他者"、形象等语词;在解读一些史料时,作者亦谨慎地运用了"集体的想象"等萨义德(Edward Wadie Said)的东方学相关理论。一般而言,形象"并非显示的复制品(或相似物),它是按照注视者文化中的模式、程序而重组、重写的,这些模式和程式均先存于形象";"形象学所研究的绝不是形象真伪的程度……它应该研究的是形形色色的形象如何构成了某一历史时期对异国的特定描述"。① 或许,正是出于此,作者对于形象的真伪及其真实的程度未作过分追究,而是通过爬梳大量史料,去解读这些已经形成的形象的背后的内容;虽然,在具体的过程中,作者对于这些理论的运用,是谨慎的、克制的。作者自信,"这样的解读是必要的,也是有其学术意义的"(前言,第7页)。诚如斯言!在笔者看来,李秀清教授可能正在进行一种新的法律史研究范式的探索,即通过对塑造"他者"形象的"自我"的考察,以重述中西法律交流史,进而形成一种新的可与其他学科形成良性互动的近代中国法律史。也许,不久的将来,更出色的成果会出现在读者的面前。

---

① 〔法〕达尼埃尔-亨利·巴柔:《形象》,孟华译,载孟华主编:《比较文学形象学》,北京大学出版社2001年版,第156—157页。

专题研讨——异域书品

导言:超越"西方的东方"

本期刊物所讨论的第二个专题,是络德睦教授所著、魏磊杰博士翻译的《法律东方主义:中国、美国与现代法》。关于这一著作的专题书评,构成与本期第一专题的精妙对应。在主要立足于近代中国法律史这一大致相同的时空背景下,李秀清教授的著作以中国学者的视角来看待西方人的中国法律观,而络德睦教授的著作则以西方学者的视角来看待西方人对中国法律的理解,以及由此揭示的对西方的自我认知。可以说,两个专题所评论的著作之间,表现出了某种程度的"文本间性"。

络德睦教授的《法律东方主义》,同样展现了研究视角的新颖。本书超越了从西方学者立场观察和理解中国的传统立场,同时也超越了单纯的东方主义理论,是在一种更为宏观、大气的全球视角之下理解这种法律东方主义产生其内在的逻辑,由此也展现出其对于西方法治的意义。在超越"西方的东方"之后,该书既从西方理解东方,也从东方理解西方,在视角的顾盼流转之间展现了东西之间的"主体间性"。

而在法律史研究的基础上,该书也展现了"一切历史都是当代史"的思考。书中所讨论的美国的"独特的普世性"与中国的"普世的独特性",不仅仅体现于历史之中,也构成了当代世界体系之下的一幅重要图景。因此,我们也从这种充满张力与辩证的关系中,进一步理解世界体系中的东西方法治,并且思考可能对未来的世界造成的影响。

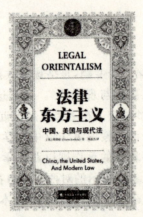

本期这一专题选择的关于《法律东方主义》的四篇书评,均为来自于西方学者的书评译文。我们的这一选取思路,一方面,通过西方学者如何解读该书更凸显"西方—东方—西方"这种交互视角的意义;另一方面,也留待中国学者在今后提供更为多元的视角,做出新的贡献。

(〔美〕络德睦:《法律东方主义:中国、美国与现代法》,魏磊杰译,中国政法大学出版社2016年版。)

"无法"的中国如何缔造现代的美国?
——评《法律东方主义》

〔美〕蒂莫西·韦伯斯特** 著 吴雅婷*** 译

自启蒙时代至今,西方一直对中国法抱持着一套观念、偏见与误解。对此,络德睦教授给出了一套举足轻重的论述,其中关于19世纪与20世纪初部分之论述尤具启发意义。《法律东方主义》明确采取后殖民主义进路,考察了欧洲哲学家——以及后来的美国外交官、法学家、法官、传教士与政治家(经常是同一类人)——在构想中国和与中国互动时所采用的话语。判定这些话语的准确性,并非该书的目的。实际上,络德睦认为,无论中国法为何或者中国法实际如何运作,法律东方主义都提供了诸多重要透镜,西方一直并且在一定程度上仍然借助这些透镜来看待中国。

何谓法律东方主义?正如该书第一章所阐释的那样,法律东方主义肇始于西方有法而中国无法之前提,是关于中国法律制度的一系列假定和视角。法律东方主义由"关于何谓法、何谓非法以及谁为其合适主体、谁非其合适主体的一系列环环相扣的叙事"组成(第5页)。这套修辞由来已久,它深植于孟德斯鸠、伏尔泰、黑格尔、马克思和韦伯的哲学著作,并一直延续到当今大众传媒针对中国"无法性"(lawless)的诸多报道中。即便络德睦只是纯粹地还原自启蒙时代到现在的许多法律东方主义的表达,他的这部著作也足以丰富当代对中国和中西关系的认识。然而,不惟

---

* 原文载于《美国比较法杂志》2014年第62期。对于韦伯斯特教授的慷慨授权以及《法律东方主义:中国、美国与现代法》中文版译者魏磊杰博士拨冗审校本译文所付出的辛劳,本人谨表由衷谢忱!
** 美国凯斯西储大学法学院副教授、东亚法律研究中心主任。
*** 厦门大学法学院2014级民商法学硕士研究生。

如此，络德睦还关照到法律东方主义所引致的诸多后果。就此，他考察了基于中国缺失西方意义上的法律这样一种观念而产生的一系列事件、著述、判决和制度。例如，他探讨了19世纪中国与列强之间缔结的单边条约；将中国公民排斥于美国之外的联邦法案与州法案；以及美国国会在1906年创设的美国驻华法院。这些司法创制中的最后一项，清楚地暴露出了美国如今在关塔那摩湾（Guantanamo Bay）所面临的司法困境。

运用学科自身体系的诸样态评判另一套体系，是任何学科之比较事业都可能犯的基本错误。在历史意义上，法律东方主义话语正是由此推演而来。就西方对中国及其法律制度的认知而言，这种错误不仅会掩盖具有悠久历史的、有意义的、独特的其他法律传统，而且还会对此等法律传统产生误解与轻视。近来，以多个领域（文学、艺术和文化研究）中当代中国专家为研究对象的许多专家已经批判了"中国缺失"（China lack）理论的早期论述——即这样的观点：由于中国缺失西方文明的某个特定方面，因而它不是一个文明国家。例如，这种理论认定，由于中国缺失一个史诗传统，因此中国诗人们就会相对缺乏想象力，或者由于"孔子没有某种观念，因此呈现出此种观念的有关孔子的所有读物都是不可靠的"。[①]《法律东方主义》揭示出，西方对中国法抱持的此等老套且普遍的看法仍然是何等的根深蒂固。

第二章的比较意味更为明显，该章探讨了欧美对中国法的建构和美国人作为极度重视法律者甚或好诉讼者的自我认知等议题。络德睦认为，法律在西方之所以至高无上，部分源自于一个构成性的法律观念（constitutive view of law）（第38页）：法律创造了它所存在的世界，并塑造着栖居在这个世界之上的主体（我们）。有鉴于此，法律是一种根基性的话语、一种元话语，在此基础上，西方人构建了他们的社会以及他们的主体性（subjectivities）。当然，这套观念在美国非常盛行，在那里——至少在普通大众的想象中——美国人一方面表现得"对法律极为迷恋"，另一方面又"对法律充满畏惧"（第41页）。反过来，法律在西方所处的中心地位又引致了将中国视为无法之地而将中国人视为"无法律非主体"（nonlegal nonsubjects）的假定（第42页）。

---

① Haun Saussy, Great Walls of Discourse and Other Adventures in Cultural China 2 (2001).

法律东方主义不仅在欧洲哲学中由来已久，而且还留下了一系列实质性表现（material manifestations），其中包括在美国社会之内产生的诸多重要法律效应。例如，1878年加州参议院委员会的一份报告以如下这种方式来阐释美国人与中国人的差异（将中国人复数化为无个性的群体，而将美国人单数化为有个性的个体）："中国人……在所有种类的劳动中，索价皆比白人低。他们能被大量地雇用；他们可像没有思想的奴隶那般被操作和控制。但我们的劳动力却有与众不同的生命，不可能为蛮横的工头像奴隶那样受到控制；这种个性为我们制度本身的天赋所要求，我们的国家凭依这些秉性防御外敌、发展进步"（第45页）。

美国法官也共享了这套东方主义话语。一名联邦法官，为支持1921年一项意在阻止外国人在华盛顿州拥有土地的法案，如此这般粗线条地描绘亚洲人的形象："黄色人种或棕色人种是东方专制主义的标志，或在最初的归化法颁行之时曾是东方专制主义的标志。可以认定，这些专制主义的主体——通过将个人屈从于作为国家象征的君主的个人权威而为其福祉劳作——秉持着他们对其文明类型的天生和根深蒂固的自满，不适合为一个共和政府的成功贡献力量。由此，应当拒绝授予他们公民资格。"[①]这位法官不但将亚洲人（该案的起诉人为日本人）归并为一个东方群体，而且他还主张，他们本质上无力胜任代议制政府。任何人做出这样的论断都会显得怪异，更不必说一名联邦法官了。基于类似的方法，美国官员们利用法律东方主义否定或剥夺美国亚洲移民的权利。这些描述使得络德睦教授得出了如此的结论："所有领域的中国法律实践往往被不相关的、建立在诸如中国人'专制'和'非理性'性格假定的基础之上的品格证据所评断。同样经常看到的是，甚至在证据被提交前，中国法律体系就已被假定为是有罪的——或者即使证据被提交，它往往是几个世纪流传下来的东方主义者的道听途说。"（第58页）然而，即便使用"往往"一词予以限定，上述评价也有些言过其实。尽管如此，络德睦巧妙地展示了法律东方主义对身处美国之亚洲人法律权利广泛而持久的剥夺。由此，这本书阐明了迄今为止仍未受到重视的一部分美国法律历史。

该书的主要目的在于对法律东方主义进行揭示与理论化，而第三章却略微地绕过了这一点。简而言之，第三章论证了传统中国家族可被视

[①] *Terrace v. Thompson*, 274 F. 841, 849 (W.D. Wash. 1921).

为一种公司,家族行为的治理实践构成了一种中国的公司法。络德睦将家族比喻成公司,并煞费苦心地对之进行详细阐述。他清楚地介绍了一套六要素测验来描述当代(美国)公司的框架特征,并且将这套测验套用于传统中国家族体系之上(第73页)。尽管此番论述甚为精辟,但是最终似乎有些牵强,并脱离了该书引人注目的主题。除此之外,该书为证明主张所提供的例证颇具匠心,援引了1751年香港一个村庄的诸多运动(第75页)、16世纪末期的一份宗谱(第76页)、19世纪台湾纠纷的档案资料(第80页)、20世纪早期山东的家族纠纷(第91页),以及其他方面的文献。一方面,这些镜像捕捉到了帝制中国(一个包含着两千余年中国历史的包罗万象的词语)的不同方面;而另一方面,我们很难将这些不同的镜像综合成一幅融贯的传统中国图景。与此相反,我们看到的是万花筒般分散开的中国诸多映像、实践和片段,这些都无法充分地支撑络德睦教授此等在智识上具有创新性但在根本上却无说服力的类比。这本书名义上要将中国法律制度从西方的错误观念的牢笼中解放出来,可是又采用现代美国公司法的特点去套传统中国的家族,这似乎有前后矛盾之嫌。

第四章凸显了美国在国际公法和国内宪法两个层面对于法律东方主义的贡献。在此处,《法律东方主义》紧密关联于"国际法第三世界方法"(TWAIL)研究者所绘制的智识领域和批判种族理论。就如国际法第三世界方法的研究者那般,络德睦教授将美国的国际公法话语解构为一个"创造与维持使非欧洲国家屈从于欧洲国家的国际规范和国际制度之种族化阶层的媒介"。① 然而,络德睦很谨慎地表示,尽管美国与国际法的关系暧昧不明,但它却利用国际法来维持法律上的不平等,正如其欧洲前辈们所做的那般。

自英国在鸦片战争中取得胜利开始,1842年中英签订《南京条约》之后,西方列强(乃至后来的日本)纷纷与中国签订不平等条约。这些条约给予这些国家及其公民在中国某些特权。重要的是,美国在中国形成了一种后来被其他诸国所采用的治外法权实践——也就是,把一国的国内法扩展适用于外国。美国将治外法权条款写入与其他亚太国家签订的诸多条约之中,例如,暹罗(1856)、萨摩亚(1878)、朝鲜(1882)和汤加(1886)(第139页)。这至少在两个方面上产生了一种法律帝国主义。其一,在

---

① Makau Mutua, *What is TWAIL?*, 94 AM. Soc'y Intl L. Proc. Ann. Mtg. 31(2000).

华美国人不受中华帝国或其他亚太法域"不文明"法律的管辖。治外法权同时承认这些地区成文法的效力,但却将此等法律贬低为无能的或者无价值的,从而不具备约束美国公民的效力。

其二,治外法权显然是单方面的。美国的中国移民在新世界并不享有此等特权,而且他们在西海岸受到的待遇充满了敌意。肇始于 1882 年《排华法案》,联邦政府与州政府均颁行了一系列法律,以阻止中国人进入美国或者入籍成为美国公民。此外,"在 1888 年,国会竟然溯及既往地终止了约 2 万名回国探亲的中国居民再度进入美国的权利",违背了中美之间缔结的国际条约(第 142 页)。这一系列事件不仅影响到美国的种族结构①,还影响到谁会被视为该政体"合适"的公民。19 世纪 60 年代末期的重建修正案(Reconstruction Amendments),或许已经牢固确立了非裔美国人的某些公民权,然而,亚洲人与亚裔美国人却在通向美国种族平等的道路上遭遇了重大障碍。

第五章叙述的是美国治外法权实践在中国的一个重大发展:美国驻华法院的创设。根据国会法案,美国驻华法院于 1906 年在中国设立。创设该法院的目的至少有两个:一是为中国人提供一种模范的法治;二是约束"行为日益失范的美国人社群"(第 161 页)。然而,就在联邦政府试图对中国人进行法治教育之同时,美国领事官员却因掠夺在中国逝世的美国侨民的财产而闻名。② 尽管表面上是(针对中美两国公民的)教化使命的一部分,美国驻华法院却面临着大量的挑战。倘若该法院的目标在于例示"法治",那么其首先要解决的便是"适用何种法律"的问题。相应的美国制定法规定,联邦法院应适用"联邦法律"。受其约束,作为联邦法院的该法院可能会合理地认为它应当适用美国联邦法律。然而,美国驻华法院对于主要由美国国内法院依据州法裁决的一系列纠纷却均享有管辖权。一位名为罗炳吉(Charles Lobingier)的法官,对其所处的这所法院所具有的这种矛盾作出了此番解释:"它所有的权力都来源于联邦政府……(然而)却大量行使着通常由州法院行使的管辖权。"(第 164 页)

---

① See Ian F. Haney Lopez, *White by Law: The Legal Construction of Race*, New York University Press, 1996(阐明了借助于立法与法院判决,美国法是如何创造并维护种族与种族身份的)。
② See Tahirih V. Lee, "The United States Court for China: A Triumph for Local Law," *Buffalo Law Review*, Vol. 52: 934, 940 (2004).

事实证明,对于美国驻华法院应当适用何种实体法这一问题的解决是极具挑战性的。该法院的首任法官威尔佛莱(Lebbeus Wilfley)认为,哥伦比亚特区法典与阿拉斯加领地法典是这所法院选择适用的法律。鉴于国会业已通过了这两部法典,那么它们就是"联邦颁行"的法律(第165页)。若这两部法典的规定彼此抵触,则应当优先适用阿拉斯加领地法典,这不仅因为这部法典更为晚近,而且还因为这部法典规范的是"原始的边境社会",进而"更加适合"适用于中国(第167页)。络德睦对某些根据这部法典进行裁决的案件加以评论,这些案件涉及(不按特别的顺序列举)被吊销律师资格的律师、妓女和流浪汉。易言之,许多出现在法庭上的美国人并没有像美国政府可能曾经所希望的那样,具备良好德性或者"法治"意识。

第六章将许多方面的论述脉络联系起来。该章论证了法律东方主义如何继续深刻影响着美国和中国。结语部分论述了当前中国法律制度和当代中国法律理论,并对中国法给出了一个较好的理解。纵然该书的主要目的在于批判西方在中国"无法性"层面的言论,但是某些关乎中国法的讨论,对于我们了解被西方丑化的中国法律制度与中国法律制度本身之间的差距是很有必要的。该书对中国当代法学理论予以姗姗来迟的关注,总结归纳出了不同的法学流派的主要观点和代表学者,例如保守的社会主义、新左派、新儒学等。尽管对这方面的资料保持中立态度颇值赞许,然而诸多评论家却更多地带着怀疑的眼光来看待中国共产党的"三个至上"原则。2007年,中国国家主席胡锦涛首次提出"三个至上"原则,随后获得了彼时最高人民法院院长王胜俊的支持。"三个至上"原则要求法官高度重视:(1) 中国共产党的利益;(2) 人民的利益;(3) 宪法和法律。络德睦教授把这个三位一体的原则理解成一个对不可确定性的自觉的接受(第224页)。此外,第六章还提出了一些令人困惑的论断。例如,"中国近代大部分的法律改革皆可被视为没有殖民者的殖民主义"(第207页)或者"被视为一种自我东方化"(第200页)。过去三十五年来,中国业已形成了一套越来越具有可预见性、合理性和独立性的法律制度,带来了一定程度的稳定性。作者的批判重点似乎落在作为元话语的法律上:法律是所有国家为争取现代国家地位所必然采取的不可或缺的制度。然而,把现代法律制度建设称之为"没有殖民者的殖民主义"(正如第六章的标题那样),"自我殖民主义"(第199页),以及"自我东方化"(第200页)

似乎有欠妥当。首先,中国的法律改革项目——由中国政府所有、负责、受益的一项事业——缺少殖民主义所具有的权力不平等的基本特征,即一国利用其军队、技术和经济的优势侵略、占领或征服另一个国家。其次,中国在法治发展过程中已经取得的进步,被贬低成如法律改革项目那样相当不甚全面。正如作者所说的那样,如果法律是一项"社会技术"(第159—175页),那么对法律的采用与对纸币、疫苗接种或者现代生活中的其他方面的采用,不应该存在显著的差别。实际上,法律对中国"殖民"的程度远不及互联网、汽车或其他"外国"技术的程度。或许,一种更具建设性的表达可以说明中国从来没有像现在这般有目的地使用法律:规范合同、规定财产权、促进平等就业、保护少数民族文化等。人们可以意识到此等事实,而无需使用"殖民主义"这种略微带有误导性的术语。

其他领域研究中国的后殖民主义学者,也曾做过类似的批判,把当代中国文化视为"自传式民族志"(auto-ethnography)[1]或"自我东方主义"。[2] 一个基本的批评就是:中国的电影导演、艺术家和作家为赢得外国观众,对中国进行异化或美化,而往往为此付出了失去国内观众的代价。这意味着,他们会对迥异于西方的中国文化的方方面面进行大肆渲染,以期获得国际认可和国际奖项。然而,中国的法律制度建设却有着不同的目标。当然,在国际社会中取得合法性与保障外国投资,在20世纪70年代中国决定建立一套法律制度层面上,都扮演了重要的角色。然而,这些目标在过去数十年间业已发生了改变;如今,中国利用法律来实现各种不同的目标,例如保障社会秩序、控制犯罪、保护财产权、监督地方官员和维护社会的稳定。

正如上文所提到的那样,当前对中国缺乏法治的批判,并非是以往的东方主义话语的文化残余之必然结果。以往的东方主义话语同样适用于日本和朝鲜。然而,在当代却没有人会郑重其事地指责这两个国家缺乏法治。目前西方有关中国法治的论争,虽然可能借鉴了许多由来已久的讨论,但其描述了在西方想象中的中国党国(party-state)体制所特有的诸多问题。党国可能将权力委托给一些民间社会组织,然而这些组织并

---

[1] Rey Chow, *Primitive Passions*, Columbia University Press, 2000, p. 4.
[2] Chris Berry, *If China Can Say No, Can China Make Movies?*, in Modern Chinese Literary & Cultural Studies in the Age of Theory: Reimagining a Field 159, 175 (Rey Chow ed., 2000).

不可能挑战到党在国家治理中所享有的主导地位。当代中国的权利话语有助于保护某些人,但这从来不会以损害党所秉承的发展观作为代价。易言之,当牵涉到所谓的"国家核心利益"(社会稳定或者西藏、台湾的地位)时,执政者容易忽视法律上的细枝末节。因此,当前就中国缺乏法治展开的"东方主义"论争,有着完全不同于帝制中国的重要现实意涵。

总之,在中国及其法律制度越来越受关注的今天,《法律东方主义》可以帮助我们重置对于中国的理解。随着中国参与新的国际法律机制,建设一套全方位的法律体制,以及通过日益多样的一系列论坛(许多论坛都是高度司法化的)与世界进行互动,西方中国观的历史从未如今天这般重要。与此同时,该书将会促使专家和外行人重新审视他们对于中国的看法。牵强附会的"无法中国"(lawless China)的定见,强大且普遍,但相较于其以往对于中国的映射,现在它更多地彰显出西方的偏见与不安全感。或许,我们不可能完全撇开该书描述得如此巧妙的东方主义话语来认识当代中国法律。与此同时,《法律东方主义》也将推动读者们重新反思(并且最好摆脱)那些老套的成见,并促使其加强对自身的反省。

迈向一种真诚的法律东方主义*
——评《法律东方主义》

〔法〕皮埃尔·勒格朗** 著 郭宪功*** 译

《法律东方主义》主要研究"在十九世纪的进程中,一套广为流传的关于中国法的欧洲偏见如何发展成为一种美国意识形态"。作为现存的最后两个大型帝国,中国与美国之间的紧张关系很大程度上左右着当今世界的地缘政治。后者郑重其事地自封为"世界头号法律输出国兼首席执法者,受其管理的法治促进项目到处都是",前者则(至少在其对手眼中)被轻易地视作"东方的头号人权违背者"。确然不假,"存在着一种强烈的将美国与法律联系在一起的文化倾向……以及一种同等强烈的将中国与法律缺位联系在一起的历史倾向"。对此,络德睦教授有着犀利的系统阐述。具体而言,按照他的说法,美国认为它的标准具有"独特的普世性"(它可以提供一套"民主法治"的"范例",因为它"没有简单地按照欧洲模式去反映启蒙运动的解放价值,而是更好地彰显了这些价值——比欧洲当前或曾经所做的都要好")。同时,站在美国的优势地位上,不论怎么看,中国的体制都是"绝对不民主的",或者可称其具有"普世的独特性"。2001 年中国加入世界贸易组织的议定书恰恰表明了西方眼中的"中国"是如何"持续被'没有法律'定义的"。它进一步说明,诸如美国这样的一批国家坚持要让中国合法化。相应的,"作为首次加入世贸组织的代价,

---

* 原文载于《比较法杂志》2014 年第 8 期。对于勒格朗教授的慷慨授权以及《法律东方主义:中国、美国与现代法》中文版译者魏磊杰博士拨冗审校本译文所付出的辛劳,本人谨表由衷谢忱。
** 法国巴黎第二大学法学教授。
*** 上海交通大学凯原法学院 2015 级法理学硕士研究生。

中国不得不改变它的法律制度以符合北大西洋的标准"。然而，有意思的是，络德睦强调，世贸组织对中国的要求恰恰与世贸组织自身的规则相冲突（第 206 页）。

但这种中国与世贸组织的两极化对立以及世贸组织的自我矛盾都不是什么新鲜事物。比如，1844 年《望厦条约》授予美国在中国的治外法权，利用这项授权，美国国会于 1906 年创设了"美国驻华法院"，这一做法便是基于"中国人不能理解个人权利与法治的美德，遑论彰显它们"这一直觉观念，也就是说，是因为如此这般的"中国人法律认知的倒错"。该法院坐落于上海，"对在'中国辖区'的美国公民行使民事与刑事管辖权"。如络德睦所释，这一司法机构等同于联邦地区法院：它的判决可被上诉至位于旧金山的美国联邦第九巡回法院，并可从那里进一步上诉至美国最高法院。异乎寻常的是，"（该法院）在中国适用的法律整体……包括停留在美国独立前状态的英国普通法、一般性国会立法、哥伦比亚特区市政法典以及阿拉斯加领地法典"——但却不包括联邦宪法，其结果是"在那里，没有获得陪审团审判抑或享有宪法规定之正当程序的权利"。与络德睦就世贸组织相对中国之地位所指出的矛盾并无不同，可以看出，恰恰是在美国法院设法与设想中的中国无法性作战的时候，它自身的合法性最为可疑，虽然此问题未能阻止这一司法机构一直存续到 1943 年。

尚不止此，该书还展示了龃龉的中美关系中的另一项重大冲突。19 世纪 50 年代，时值加利福尼亚淘金潮，出现了一股意义深远的中国人前往美国的大规模移民潮。在此之后，美国国会于 1882 年通过了一部排华法案。该法案是美国历史上第一部对移民施加广泛限制的制定法。该立法文本禁止所有中国劳工的移民，而不论他们是否有熟练的技术。其中弥漫着浓重的反华情绪。不仅是随着淘金难度上升而加剧的竞争激起了此等情绪，就连中国劳工向饭店和洗衣店经营的转型也引发了不满——美国人认为，转型到新行业的中国劳工对薪资水平的下降负有责任。该法案随后还得到了扩展与补充。1888 年，国会就通过了这样一项更为严厉的制定法，按其规定，即便是已经成为美国合法居民很长时间的在美华人，到中国访问后也不可能再度进入美国——这项措施从根本上阻断了美国的华裔居民拜访其中国亲属的可能。

1889 年，在美华人对 1882 年和 1888 年的立法文本提起了诉讼。这场法律挑战恰恰表明，与流俗观念相反，中国人确然有着他们的个人权利意识(第 49 页)。然而,此番基于宪法的质疑并未达到目标。相反,联邦最高法院支持了这两份立法文件,其理由是,联邦政府享有对移民事务的"绝对权力",也就是说,它可以行使"一种不受宪法约束的自由裁量权"。换言之,中国人离开了故国清王朝式的法律专制主义,到头来却在美国面临另一种形式的法律专制主义。而这正是络德睦在其著作中探究的更深层次的紧张关系。虽然排华法案(初始设计期限只有十年)一直到1943年才被废止,但最高法院的判决至今仍有效力。实际上,联邦最高法院的排华法案判决不仅仍然保有"良法"的名誉,而且它至今依旧是影响深广的法律,因为它仍然是判定行政法是否合宪的重要渊源。具体而言,它的治理效力不仅及于中国人这一特定群体,其影响甚至超过了外国人这个总体范畴。络德睦指出,通过提供"最低限度(低到近乎没有)的行政程序标准",最高法院的这一判决实则亦包含了"美国对其公民行使权力的方式"。

如络德睦爽快表明的那样,其作品中的主张很大程度上借鉴了爱德华·萨义德对东方主义所做的开创性研究。20 世纪 70 年代,萨义德使用"东方主义"一词指代"一系列构建了西方对东方之理解的话语体系"。其时,萨义德此举乃是要回应这样一项事实,即"在一系列帝国姿态中,我们将'东方'化约为一种被动的客体,而我们——'西方'——则是在认知意义上高人一等的主体"。尽管多年来萨义德的开创性研究已然催生了大量有关不同种类之东方主义的考察,更不必说大量对其主张的反思(当然,本文所评之书是承认该主张的),但不知何故,法律话语却未能引起什么关注。鉴于法律在西方国家中扮演的重要角色,这一遗漏是令人震惊的,而《法律东方主义》正是要弥补这一缺漏。

通过包括公司法(第 60—107 页)与主权(第 108—151 页)在内的丰富的个案研究,络德睦集中探讨了这个议题:西方是如何运用法律以中国为特定参照系来建构他异性(alterity)的。甚至更为扼要地讲,此处所评之文本着重处理了这个基本问题:在美国眼中,中国如何就成了一个特别重要的法律内的他者(other-in-the-law)——或者,更确切地说,一个意义重大的法律外的他者(other-out-of-the-law)或者一个引人注目的违法者(out-law)。有了这种定性的过程,美国才得以坚定地从事一套通过法律进行自我拔升(self-edification)的实践:"不论我们承认与否,如若缺乏一个无法的、专制的东方作为陪衬,那么一个法律现代性的世界也就不会存在。"换言之,美国若想要担当法治与人权的全球执行者,它就必须能够将它的模式与另一个全球性大国区别开来,且在其叙述中,另一个大国的构造必然是同时欠缺法治与人权特征的。因而,在诸多关键方面,为了成为理想中的自己并塑造这样一种理想形象,美国需要中国。

因而,络德睦关注的焦点是认识性的(epistemic);他感兴趣的是,"中国是如何被建构成法律知识客体的"。本文所评之书侧重认识论(epistemology),这意味它最关心的不是本体论(ontology)。在我看来,这样做是恰当的。正如络德睦所述的那样:"法律东方主义的实证基础终究是且一直以来都是无关紧要的。它是一套基于法律理由(legal reason)而非事实真理(factual truth)的话语。"事实上,对美国的宪政主义者而言,"要论证阻遏中国人入籍美国的维续将近六十年之久的一系列排华法律的正当性",中国的无法性作为一项"真实事实(veridical fact)",从来都是不证自明的。

或许没有什么能够比反思"法律"一词本身的语义外延更能够凸显此等认识论问题了。《法律东方主义》指出,美国法律职业共同体骄傲地自视为立基于"法治"之上。"法治"与"人治"的明确区分由约翰·马歇尔首席大法官在"马伯里诉麦迪逊案"(1803年)中作出。① "法治"一词的定义千差万别,但不论其具体含义为何,宽泛而言,它们都指代"一套旨在广泛促进自由、民主与市场经济的国家权力限制机制"。照此理解,"法治承诺以一种不偏不倚的方式治愈从经济腐败到政治暴政的所有社会疾病",如此一来,对它的追求似乎也就无可置疑了。就此而言,法治就像众所周知的苹果派一样塑造了美国的自我认知。但络德睦恰切地指出,此等美国的自我理解几乎经不起任何检视。毕竟,如果个人力量真的无关紧要,那么"围绕是否确认总统对最高法院法官的提名而展开的斗争将会令人费解"。不过,对处理中美之间辩证关系的美国比较法学者而言,首要的挑战仍然是,"中国在政治上的自我理解历来都建立在人治理念的基础之上,一种道德乌托邦,在这种道德的乌托邦中,执政者的统治权威来自于他们的崇高美德(传统中国的儒家美德,或社会主义中国的共产主义美德)"。

---

① 这是一项得到不断重复的描述,例见:Paul W. Kahn, *The Cultural Study of Law*, University of Chicago Press, 1999, pp. 67-70.

中国并不因此就没有法律:"唯有最粗心的观察者才会遗漏这一事实,即帝制中国拥有多部可追溯至唐朝(公元 618—907 年)的王朝法典。"只有在"法律"作为当今美国所理解的那种特定范畴时,也就是说在其作为"一种以特定方式约束国家的自由主义法律秩序"的意义上,才能够说中国没有"法律"。用络德睦的话说,"如果法治意味着不是人治,那么任何自诩的中国法都是一种自相矛盾(oxymoron),一种对东方专制主义之下法律败坏的明显托辞"。可以预见,将研究者自己的分析范畴投射到另一套法律上,以从其优势地位来评判其他法律,不太可能得出对另一种模式有利的看法。而贯穿于任何一项比较活动的基本信条恰恰是要避免这种情形的出现。比较文学专家苏源熙(Haun Saussy)辨明(并谴责)了黑格尔"总是把中国当做充满缺陷而有待改进之靶子"的做法。① 类似的,德里达批评了莱布尼茨——对莱布尼茨而言,中国体制就是被用来"标示缺陷并阐明必要之修正"的。此等策略无法被接受为合格的比较分析。② 举例来讲,《法律东方主义》令人信服地提出了一项主张,即以下看法绝对不能得到赞同:开化的"美国法律主体"可以跟愚昧的"中国的无法律非主体"截然分清,以及"历史的普世性主体"将不间断地与"生活在历史的专横之下的庸碌的……乌合之众……愚蠢的顺民"(只能是历史的"客体")相对抗。

络德睦义正词严地断言:"没有什么跨文化标准可以帮助我们达成一个普世的法律定义。"相应的,其著作"并不寻求普世化中国或美国当中的任何一个"。不可化简之差异的不可调和性乃是一项既定事实,在此前提下,任何"普世法律"的提法都是明显自相矛盾的。法律是作为文化而存在的(我在下文对此还有详论),而"文化之间的差异无法在一个普世性框架内得到安顿"。③ 可以说,作为象征性策略,对于"普世主义"的使用事实上隐藏了某种最自以为是的本质主义形式。无法消除的差异塑造了人类,而此等做法将这些差异压缩为一套狭隘的特征,并将其说成是在某些根本层面上属于全人类的。在这里,"共同的人性成了一个陷阱,因为它

---

① Haun Saussy, *The Problem of a Chinese Aesthetic*, Stanford University Press, 1993, p.179.
② Jacques Derrida, *Of Grammatology* (rev'd Eng trans), Gayatri Chakravorty Spivak (trans), Johns Hopkins University Press, 1997 (1967), p.79.
③ Homi K. Bhabha, "The Third Space", in Jonathan Rutherforded., *Identity*, Lawrence & Wishart, 1990, p.209.

把差异界定为次要的"。①

无疑,由之必然得出一个颇有争议的观点,即与"全球人权(global human rights)"抑或"全球正义(global justice)"并无不同,另一个不堪重负的概念"普世人权法(universal human-rights law)"只能像威拉德·冯·奥曼·蒯因(W. V. O. Quine)所说的那样在作为其言说者赋予词语的指称意义上才存在,否则无法抽象地存在。② 事实上,"有关人权普世性的问题是一个西方文化的问题"③,"是欧美人带给他者的东西"④,"是白人人权狂热分子编织的将其与殖民地行政人员、手持圣经的传教士以及自由企业的商人连接起来的坚固锁链"。⑤ 举例来讲,针对苏丹或印度尼西亚(更不必说中国)的人权运动,用来评判这些国家的尺度实际上是美国或者法国的实践。这些在某种程度上被转换为"非此即彼"之宰制结构的实践被视为可散播至各处的,并且被宣称是值得出口的,以实现改正或替代地方性模式的目标。结果,奇妙的是,流行的"普世性"人权话语就成了这样一套言辞,在其中,"人们轻易就能感知到资产阶级自由女权主义、联邦最高法院阐释的美国宪政主义或者当今欧美中产阶级犹太教—基督教传统下的家庭生活等"。⑥ 事实上,远非一种利益无涉的主张,普世主义从来都只是某些人的"普世主义"。

实际上,借由人权加以维护的声称中的普世主义不过是一种特殊主义。其特殊性体现在它的诸多重要运作方式中。通过这些方式,它将对手的知识定义/贬低成是具有拙劣殊异性的。这表明,此等对普世价值的追求被极权化(totalization)甚或极权主义(totalitarianism)的思想给玷污了。就此而言,这样讲倒也算是公道话,即"如果我们西方人能够在种族中心主义上多些坦诚,而在普世主义上少些虚伪,那么在尝试让所有人更

---

① Isabelle Stengers, "Comparison as a Matter of Concern," *Common Knowledge*, Vol. 17: 62-63(2011).

② W. V. O. Quine, *Word and Object*, MIT Press, 1960, pp. 26-79.

③ Boaventura de Sousa Santos, "Human Rights as an Emancipatory Script? Cultural and Political Conditions", in Boaventura de Sousa Santos ed., *Another Knowledge Is Possible*, Verso, 2007, p. 12.

④ Laura Nader, "Human Rights and Moral Imperialism," *Anthropology News*, Vol. 47(5): 6(2006).

⑤ Makau Mutua, *Human Rights: A Political and Cultural Critique*, University of Pennsylvania Press, 2002, p. 155.

⑥ Richard Shweder, "Comment," *Current Anthropology*, Vol. 49: 377(2008).

像我们时,我们西方人使用的修辞将会获得改进"。① (似乎没有必要再多说一句,反对以普世、超验或永恒的语言理解和呈现人权的方式并非是反对人权。因而,我的主张不是应当停止人权工作,而是对于人权的追求应当以一种在有权文件中有明确规定的可以在当前定位并探明的意识形态的名义为之。)

在我看来,络德睦的书不仅是对普世主义的适时抗议以及法律相对主义的一个雄辩案例,它还提供了许多其他的理论回馈。《法律东方主义》带来的最为重要的启示是,法律在根本上是作为文化而存在的,且需要被作为文化来研究(例如,"法律仅仅存在于具体的历史与政治情形中,不能脱离它们而对其进行独立的评估";"即便是看起来最为自然的法律范畴归根结底也是文化的典型产物")。为对"文化"的概念做出详细说明,络德睦集中论述了反抗法律人(legal agents)对自身所持看法的必要——例如,美国宪法的稳定性是靠原旨主义的提倡者维护的观点,以及真正的"亚洲价值"是靠东方原真特性(authenticity)的虔信者来维护的主张(第51—54页)。他还强调了,法律文化并非统一的,它们有着天然的复杂性,对这些的理解非常重要。举例而言,络德睦揭示了,中国和美国存在着"内部东方主义","二者共享着对于作为关键差异标记之性别的聚焦"——当然还有其他的"内部东方主义"也在发挥作用,比如中国的中亚边疆的维吾尔人或者美国的"印第安部落"。甚至于,络德睦主张,基于所谓的"反恐战争","我们都已经成了美国的'内部东方人',或者有这样的风险"。

仍然是在文化这一话题上,《法律东方主义》对采取静态观点的倾向发出了警告。络德睦如此认识到,随着政府在国内和国际上寻求合法性,中国已经在发生改变(举例来讲,他观察到,"如今法律东方主义话语在中国与在美国一样普遍",且进一步指出,现今,"在中国的法律想象与法律政治中,美国扮演着一个异乎寻常的重要角色")。《法律东方主义》并不试图贬低中国已然取得的发展程度。因而,该书坚称,"一项独一无二的历史事实是,从未有国家像1978年后的中国那样迅速地产生了如此之多的组织法、程序法以及实体法"[在此方面,我发现一个有趣的现象,在参

---

① Richard Rorty, *Philosophy as Cultural Politics*, Cambridge University Press, 2007 (1997), p.55.

照"中国语言及其文学传统"的基础上,一位比较文学专家也谈到了中国文学中大规模吸收了西方文学和文艺批评的现象,也就是说,事实上在该领域也出现了"抽搐式的转化(convulsive transformation)"[1]。因此,可以说,"在二十世纪末要想在原生的中国与外生的西方之间划出明确界限,这在认知上几乎已经是不可能的"(第29页)。由此可见,"中国的独特性只能在其与其他地方性与其他历史的深刻关联中才可得到界定"(第256页)。

尽管络德睦"当然并不反对中国的法律改革",但值得庆幸的是,他令人耳目一新地克制住了对于某种先验标准的积极追求,此等标准将会促成法律的融合或者均质化,在此情形下,不管怎样,中国法都将被鼓励与美国的法律越来越像。实际上,他的"目标并非指导亦非评价特定的法律政策,而是要更为深刻地理解中国法律改革的性质、历史及其政治与文化的重要性"。因而,络德睦拒绝了那种粗糙的同构(similarization)策略,那种策略将令比较法学者得出这样的结论:就像美国一样,中国也有公司法。他也拒绝了那种比较方式,该方式将会用那种反派的或者对抗的语词来刻画受分析的模式,从而会给异己者一个坏名声。实际上,《法律东方主义》说明了,差异很大程度上也可以是一种学习机会。举例来讲,如果此等庸俗的阐释可以被允许的话,对我来说,重要的不是参与一场与某个对英格玛·伯格曼执导的电影《羞耻》的看法与我相同的人的对话,也不是重构我的对话者的观点,以使她对该电影的理解看起来与我一样。相反,对我有利的是,且因而作为我持久任务的是,在我的对话者从另一个角度切入这一事物的情况下,时时刻刻对她别样的立场表示承认和尊重,就电影的意义与她展开商谈。唯有反对那种对自我观点简单的再度确证,我才能学习到一些东西(对于从他人身上学习,络德睦还有更多话要说。我将在下文中论述其带来的挑战)。

在法律变革的话题上,《法律东方主义》适切地提醒我们,尽管特定的话语可以是从外国进口的,但从来都不会发生什么对该话语毫无变化的重复,也即对别处思想的"纯粹复写(mere reinscription)"。在我阅读此书的过程中,络德睦对模仿的谬论(mimetic fallacy)提出了异议,也就

---

[1] Lydia H. Liu, *Translingual Practice*, Stanford University Press, 1995, p.105.

说,他反对艾伦·沃森(Alan Watson)定义的所谓"法律移植"的可能性①,尽管他在致谢中对那些仍然相信"从西方自由民主制进行直接移植"的人慷慨地表达了感谢。络德睦援引霍米·巴巴(Homi Bhabha)论证道,任何中国引进的对应于西方的构造都将是"貌似近乎相同,实则并不尽然",也就是说,在从外国进口的旅途上,必然会"或增或减",也就是会有所转化。② 这让我想起了以奥尔特加·伊·加塞特(Ortega y Gasset)所说的"过度表现(exuberances)"与"表意不足(deficiencies)"的形式表现出来的翻译中的舒张(diastole)与收缩(systole)。③ 不惟如此,经此提示,我还想起了德里达的肺腑之言(cri de cœur):"一直以来,引导我的都是不可译性(untranslatability)。"④换句话说,地方性知识持久地存续着——且与其说"全球化",倒不如说"全球本土化(glocalization)"。⑤ 换种方式讲,地方性知识乃是通过集聚(assemblage)而非移植(transplantation)建构起来的。

换句话说,络德睦选择信奉的一套东西类似于"任其自然(Gelassenheit)"——马丁·海德格尔将其界定为"将自身从对超验再现(transcendental representation)的追求中释放出来"。⑥ 如果问题是比较法学者如何必须栖居在这个"世界间、历史间、记忆间、话语间以及语言间不宜居住的纷乱(unlivable discord)"中间⑦,络德睦的答案(我完全赞成)似乎是,要这样做,只能是基于"一种复数的知识构造……一种不会引发融洽(harmony)、一致(concordance)或者和解(conciliation)而是接受断裂(disjunction)或歧异(divergence)的全新安排:此等安排并不作整理

---

① See also Sujit Choudhry, *Migration as a New Metaphor in Comparative Constitutional Law*, in Sujit Choudhry(eds), *The Migration of Constitutional Ideas*, Cambridge University Press, 2006, p. 19.
② Homi K. Bhabha, *The Location of Culture*, Routledge, 1994, p. 89.
③ José Ortega y Gasset, *La reviviscencia de los cuadros*, in *Obras completas* [2nd ed.], Vol. VIII, Alianza Editorial, 1994 (1946), p. 493.
④ Jacques Derrida, "Interview", *Magazine littéraire*, Vol. 430: 26(2004).
⑤ Roland Robertson, *Glocalization: Time-Space and Homogeneity-Heterogeneity*, in Mike Featherstone, Scott Lash & Roland Robertson(eds.), *Global Modernities*, Sage, 1995, pp. 25-44.
⑥ Martin Heidegger, *Discourse on Thinking*, Anderson, JM and Freund, EH (trans), Harper & Row, 1966(1959), p. 79.
⑦ Jacques Derrida, *Mémoires* (2nd ed.), Kamuf, P (trans.), Columbia University Press, 1989 (1988), p. 163.

(compose)而只是并置(juxtaposes),也就是说,让每一个发生关系的术语互外于彼此,将尊重并保持这种外在性(exteriority)和距离(distance)作为所有意指(signification)的原则——这一原则一直以来饱受破坏。并置(Juxtaposition)与阻断(interruption)在这里承担了一种非同寻常的正义力量的角色"。①

不过《法律东方主义》还有更多的信息要传递给它的读者。举例来讲,络德睦主张,由于"一定意义上对他者的理解总是比较性的"②,比较研究的概念必须足够宽泛,以将由外国阐释者进行的对于某国(仅局限于该国一国)法律的研究也包括在内。他观察到,"对于外国法(包括中国法)的描述一直都是比较法的例证,这似乎是无可避免的。即便是'纯粹的描述',隐含的参照系,即目标文化被拿来作比的对象,也总是比较者自己的体系"。我同意此等观察。此外,《法律东方主义》还出色地阐明了,一项严肃的比较法研究应当将自己建构成一种跨学科的考察。从现存的学科领域来讲,本文所评之书的地缘政治主张至少处理了美国研究、中国研究、比较法学研究、国际法、全球化和后殖民研究(第198—235页),尽管络德睦提醒我们,中国从未被殖民过。

络德睦呼吁比较法学者接受,比较研究应当是"诠释性的(hermeneutical)"(第31页)——在我看来,这种"诠释性"毋宁说是"诠释学上的解构主义(hermeneutically deconstructive)",从而维护一种异端的诠释学(heretic hermeneutic)——也就是说,它并不是要开发出一套程序或者问题的解决方案,而是要澄清理解得以产生的条件。在论述中,他强调需要规避愚蠢但却有影响力的教条,这些教条,大体是指,功能主义乃是"所有比较法的基本方法论原则",以及"任何比较研究致力于研究的问题都必须以纯粹功能性术语来呈现"。③ 关于功能主义,我的态度要比络德睦更为严苛(第32—34页),不仅是因为,像他自己所确认的,这种进路根本不足为信:"寻找其本来就打算寻找到的东西实在是富于进取心的功能主义者的显著标志。"在我看来,对法律作为文化的认知是完全与功能主义不

---

① Maurice Blanchot, *The Infinite Conversation*, Susan Hanson(trans), University of Minnesota Press, 1993(1969), p. 308.
② Charles Taylor, *Philosophical Arguments*, Harvard University Press, 1995, p. 150.
③ Konrad Zweigert and Hein Koetz, *Introduction to Comparative Law* (3rd ed.), Tony Weir(trans.), Oxford University Press, 1998 (1996), p. 34.

相兼容的。类似的,乔治·弗莱彻(George Fletcher)将功能主义视为"一种旨在压抑差异的思考方式",其运作离不开"对那些使法律成为人类智识之珍贵创造物的理念和主张的牺牲"。① 理查德·海兰德(Richard Hyland)评论道,"功能主义已被普遍证明是与比较不相兼容的"。②

值得注意的是,本文所评之书揭示出接受这一点的必要,即比较的心智是不能在认知上被约束的,也就是说,它鼓励研究者与对他异性客观论述之不可能性相妥协(例如,"偏见……只能被管控,不能被消除""不存在完全清白无辜的知识")。因而,《法律东方主义》阐明了建构一种"反功能主义比较模式"的重要性,换句话说,此等模式承认任何诸如关于他异性之真如本象(veritative)的论述的不可能性(例如,"只有解读中国的不同方式,某一些必然要比其他的更为有益,但没有任何一个是'正确的'以至于可以排斥掉所有别的解释")——在结构上,此等声称的真实性与研究者不可避免的置身所在(situatedness)并不相容(没有人不在任何地方,且也没有人无所不在)。

络德睦因而引入了对这一事实的认可,即,当研究者从事中国研究时,"某种绝对的反东方主义道德明显是不可能的"。它提议承认,"我们别无选择,只能进行东方化——总是以我们自己的偏见去设想中国和它的法律传统"(当然,至于对美国的理解,中国人亦会采取类似的方式)。这样,要求比较者"摆脱自己的学说和司法前见并把自己从自己的文化背景中解放出来"③的未经检视的正统指令就被暴露为幼稚的构想。事实上,"所有的解释都是从偏见得出的,且如果没有偏见,也就不会有解释"。④ 在这一倾向问题上,哪怕研究者尽最大可能断绝与自我的关系,他也必定会通过思想中的"我(I)"来生产他者(第54—55页)。于是,事实上唯一明智的追求就是,"负责任地"从事对他者的生产——也就是说,对于他异性的回应应承认和尊重外国法律。事实上,我们又回到了理查德·罗蒂(Richard Rorty)关于种族中心主义必要之坦率性(ethnocentric frankness)的主张。⑤ 至于中国,据络德睦所言,比较学者在认识论上面

---

① George P. Fletcher, "Comparative Law as a Subversive Discipline", *American Journal of Comparative Law*, Vol. 46; 694(1998).
② Richard Hyland, *Gifts*, Oxford University Press, 2009, p. 101.
③ Zweigert and Kötz, *Introduction to Comparative Law*, supra note, p. 10.
④ Frank Kermode, *The Genesis of Secrecy*, Harvard University Press, 1979, p. 68.
⑤ Richard Rorty, *Philosophy as Cultural Politics*, supra note.

临的挑战就是"如何向全球观众展示中国法"。《法律东方主义》因而煞费苦心地提倡"一种东方主义的伦理",同时也是"一种比较的伦理"。

本文所评之书通篇都将对否定性的保持(preservation of negativity)作为一项"资源(resource)"加以培育。① 事实上,标题为"广州不是波士顿"(第108—151页)以及"中国辖区并非哥伦比亚特区"(第152—197页)的主体篇章最佳地体现了这种策略。否定性,远非意指一种情绪——为培育一种否定的辩证法,一个人不需要成为一个消极的(negative)人——而是一种对于肯定己见(positing)、肯定性(positivity)、肯定主义者(positivists)以及肯定主义时代精神(positivistic Zeitgeist)的一种不信任,一种背离或者反对。作为压抑有意义之比较分析的最重要因素,这些东西必须被暴露出来。在此意义上,否定性集中体现了理论作为反话语(counter-discourse)或者反指定(counter-signature)的改造作用。它促成了一种反抗的政治。它是越界的(transgressive)——不是在严格的发泄意义上(in a cathartic sense),尽管模糊宣泄维度(purgative dimension)所具有的建设性意义可能并不明智,而是在一种狂喜的模式中(in an ecstatic mode)。准确地说,它是一种不满的、不顺从的、不守纪律的姿态。它是截然相反的(contrarian)——或者像乔治·弗莱彻可能给它的定性:"颠覆性的(subversive)。"② 换句话说,它批判性地提倡比较法律研究领域内部进步性的智识发展,以及它为我们的时代培育了一种不同的地缘政治,在此意义上,我们说,《法律东方主义》是否定性的(negative)。

值得一提的是,《法律东方主义》对他者采取了支持的立场——这可以说是该书最为振奋人心的美德之一。与将他异性从古怪(oddness)、离奇(weirdness)、怪诞(bizarreness)或者相异(alienness)中挽救出来相比,对此等立场的采用意义更为重大。在下决心提出可从法律中的他者身上学习的观点时,络德睦提到了这样一项事实,过去三十年间,中国经历了"这一星球上任何经济体都无法匹敌"的重大经济增长,而这种成就是在没有物权法的条件下达成的——事实上,物权法直到2007年才获颁行(第219—220页)。重点不在于中国在财产事业上所发生的是不法的(illegal),事实上,它既非不法亦非合法,而只能算是一种络德睦所谓的"无

---

① Jacques Derrida, *Writing and Difference* (rev. Eng. trans.), Alan Bass (trans), University of Chicago Press, 1978 (1967), p. 259.
② Fletcher, *Comparative Law as a Subversive Discipline*, supra note.

法(unlegal)"——一种存在于他认为一位精通非此即彼之界分的美国理论家很难安置的常见的二元划分之外的第三空间。但如此地沿着《法律东方主义》论证必然得出,"在法律上可执行的明确界定的财产权利"这一表述中所理解的法律不可能是"配置物质资源的唯一有效方式"。然而,正如络德睦所强调的,从西方的优越立场看中国似乎注定是外围的(peripheral)、无关紧要的(insignificant)角色。那么,基于何种根据可以允许中国经验来质疑受西方珍视的一些假定?对此,络德睦大胆地作出了这一反驳(rejoinder):"中国研究为何不能产生一手知识(理论自身),而仅仅只能产生证成或证伪异域成熟理论的二手资料?"

这一展现了比较法学者可以且必须对他者采取支持立场的挑战就是要接受此等观念:中国"潜在上有能力给美国传授经验"。《法律东方主义》因而坚持认为,从美国立场上发生的比较协商(comparative negotiation)要求"动摇的不仅仅是美国对于中国的看法,还有对于美国法律的研究"。警惕地对抗每一种篡夺的权威(usurping authority)或者挪用的事例(appropriating instance),向着其他法律(being-toward-another-law),事实上就是支持其他法律,为其他法律说话——通过设定这样的初始条件,比较法律研究变成了另一种模样,也就是说,就将其自身与他者要求认可与尊重的主张联系起来的需要而言,它将变得更加机敏(astute)。络德睦一再向我们传达的信息是,"预设中的中国理应"比西方的恩赐态度或者"法律自恋情结"所能给的"更好"——应当明确的是,这完全不会导致"将中国的法律实践与批评相隔绝"(举例来讲,本文所评之书并未疏于提到"中国自己在东亚的帝国主义实践")。借用娜塔莉·梅拉斯(Natalie Melas)对于非洲的观察,《法律东方主义》强调了这样一种可能性,即"(中国人的)性格(characters)与(中国人的)生命(lives)可能多于陈词滥调和刻板印象所能包含的内容"。①

对于准备以某种比较伦理的名义允许外国法律有其他指称(signify otherwise)——也就是说,施行一种合乎外国法律独特性的研究——的比较法学者而言,对于因而打算从事另一种比较主义事业——也就是说,培育一种与传统研究不同的研究样式。因为老样式总是残酷地想要用它

---

① Natalie Melas, *All the Difference in the World*, Stanford University Press, 2007, p.53.

的同构化策略(similarization tactics)占据整个比较法研究领域——的比较法学者而言,对于因而有能力将自己打造得足够谦逊、摆正他者地位以致能够聆听其故事而又足够强大到不会感到被他异性威胁的比较法学者而言,络德睦明智而审慎地提倡异发性学习(heterodidactic)的比较法学研究进路——对能够反抗宰制(mastery)并拒绝秩序(Ordnung)的非权力(non-power)的寻求——意味着一个非常丰富的解释性产出(interpretive yield)。

若被普遍采用,络德睦样式的比较主义将及时地、恰当地且决定性地标志着来自汉堡的比较法研究模式的死亡。这样说是因为其将会最终摧毁肯定主义(positivistic)与种族中心主义/法律中心主义(ethnocentric/juricentric)的比较模式,而那正是正统比较法期待成为且已通过常规的制度渠道去推行的模式。同时,由于对促成一种不同比较模式的出现有所贡献,它将被写进一个替代性比较法的起源当中。事实上,它将帮助发起那种即将到来的比较法律研究,其意义并不亚于它将通过允许他者以其自己的术语得到承认与尊重而培育法律中他异性(alterity-in-the-law)的原生性(primordiality)。它将会帮助开创一种比较法。此等比较法下,当一个人全身心地去阅读一部外国制定法或者一项司法判决时,他就被牵连进一个矩阵(matrix)当中,这一矩阵完全是杂语性的(heteroglossic),与此同时,它有着不可耗尽的单一性(inexhaustibly singular),他实际上是在追求一个永无止境的意义赋属(ascription of meaning)过程,而这一过程只有比较法学者所能调用之资源的穷尽或者编辑的截止日期才可以终结(任何结束本身将成为一种打断、一种休止、一种非故意的路径切断以及一种必须有所牺牲才会到来的中断)。

我也遭遇了这种提早结束的困境,尽管《法律东方主义》以自己为例向我们展示了,比较法律研究也可以如此迷人(不,它无需关乎纠错或者平衡——抑或它本身是合乎均衡性的吗?),以及比较法可以使自身与当今世界如此密切地关联(不,它不需要卷入一个对法律普遍内核或者其他法律幻象的不切实际的追求)。本文所评之书摆脱了对规则即立法文本及其司法或学说重述的狭隘关注,从而也阐释了比较法研究该如何避免无用性。(我仍能听见约翰·梅利曼的大声疾呼:"很明显,基于法律规则陈述而展开的比较是一种相对琐细的事业。"①)顺带说一下,值得指出的是,络德睦不仅仅分享了很多关于中国的信息,而且他还展开了一笔关于美国法律的跨学科的知识财富,比如关于治外法权的话题。此外,对实定法的研究也并未脱离《法律东方主义》的视野。

络德睦为其读者提供了一个通篇具有浓重个人特色的文本。令我印象深刻的是,其个人的思想轨迹——尤其是其对中国文化日渐熟悉的经历,以及随着远离土生土长之欧洲而在外生活工作年限的增长,其对美国文化的更深浸染——深刻地影响了其作品。换句话说,络德睦的书有着强烈的自传性,尤其是该书的呈现方式是热情好客的(hospitable)。然而,这并不表明,络德睦是在"极度孤独(sovereign solitude)"的状态中写作的。② 事实上,其大量的致谢对象表明,对于作者具有的"不可消除的居次性(irreducible secondarity)",他有着非常清醒的认识(第223页)。络德睦亦接受"我"实际上是由许多人构成的,也明显可以从《法律东方主义》庞大的(且坦率、令人印象深刻的)参考文献与引文清单中得到确认。这些素材大多取自中文文本,无疑说明络德睦热衷于让他者通过他单一的声音来说话。举例来讲,对于中国法律理论现状的讨论,其特色就是囊括了大量对中文作品的节选(第222—229页)。但络德睦也将其广博的学术知识应用于中国法,因为在诸如英语、法语和德语之类的其他语言中也已对这一话题有所研究。

无法化约的不确定性(irreducible indeterminacy)必然内在于每一项呈现法律中他异性(alterity-in-the-law)的尝试当中。而《法律东方主义》以明晰的行文巧妙地与之进行斗争,在我读来,饶有趣味。尽管如此,当络德睦揭示出一直以来被西方(尤其是美国)强加于中国的种族中心主义/法律中心主义的强度与持久性时,我却发现自己不止一次地受到震撼。络德睦自己虽是西方人,但对于西方针对中国的策略,他却进行了持久的、有时甚至略显好斗的质询。在此意义上,这部作品在根本上构成一种尖锐的自我批判。对于作者的此等自觉自发,我深表感佩。

---

① Pierre Legrand, "John Henry Merryman and Comparative Legal Studies: A Dialogue," *American Journal of Comparative Law*, Vol. 47: 4(1999).

② Derrida, *Writing and Difference*, supra note, p. 226.

东方主义与比较法研究的应为路径
——评《法律东方主义》

〔英〕陈玉心** 著　段泽裕*** 译

一、现代法律的世界地图

《法律东方主义》开篇即展现了一幅现代法律的地图。在这幅地图上,美国和中国位于相反的两端。在美国自己看来,它建立在一套具有"独特的普世性"的政治价值之上,而法律在这些价值中享有特别的地位(第9页)。从这个角度来看,中国及其法律被认为具有"普世的独特性"(第9页)。它的独特性在于缺失法治和民主。美国是世界的"主要的法律执行者",而中国却因为其糟糕的人权纪录而成为"主要的法律破坏者"(第1—2页)。络德睦(Teemu Ruskola)教授的著作具有理论的复杂性,描绘了美国法所走过的历史旅程。这趟旅程开始于美国为其公民获得"治外法权"的1844年。这是美帝国主义事业的一个里程碑。其中一个重要原因在于,在那一时刻出现的特定的国际法(而非全球的国际法),在一定程度上为美国在中国的治外法权提供了正当理由。接下来的发展便是美国在中国设立了一所法院。该法院的判决与中国法院的判决同样武断,而外国人认为治外法权有其存在的必要,原因就在于中国法院所被指责的武断性。之后,美国还接管了在上海的一家中国法院,其结果是美国

---

* 原文载于《哈佛法律评论》2015年第128期。囿于篇幅所限,译成中文时,进行了必要删节,同时根据保留内容,对题目进行了相应更改。对于陈玉心教授的慷慨授权以及《法律东方主义:中国、美国与现代法》中文版译者魏磊杰博士拨冗审校本译文所付出的辛劳,本人谨表由衷谢忱!

** 英国伦敦大学亚非学院法学教授。

*** 牛津大学法学院2016级法律硕士(Magister Juris)候选人。

法官得以判定中国法律的内容。美国通过了反对华人移民的法案,使之正当化的理由是这样一个断言:中国的"无法性(lawlessness)"导致中国移民只知道专制王权的规则,因此并不适合在美国的法治之下生活(第8页、第46页、第49页、第143页)。美国最高法院认为,联邦政府具有制定移民法案的不受宪法限制的绝对权力,因此维持了这些排华法案(第143页)。

《法律东方主义》主要讨论了中国法为何不被认为是法,以及此项排除在观念和实质上的效果。在该书的结语(第六章)中,络德睦声称,尽管自20世纪80年代以来,中国法律的数量大幅上升,然法律东方主义却没有简单地成为历史。他写道,中国为加入世界贸易组织,必须调整其法律体系(第205—206页)。虽然中国是在主动寻求加入世界贸易组织,但情况还是让人联想起20世纪初的情形。那时中国被告知,若想结束治外法权主义,必须将其法律体系现代化(第205页)。由此,络德睦得出的结论是殖民主义成功地传播了现代法律:"今天的法律是全球性的。"(第208页)此外,现代法律作为国家的延伸,其自身具有"无须殖民者的殖民主义"的倾向。虽然这一事业尚未完成,且络德睦还认为存在一些社会生活领域最好是被看做"非法律的(unlegal)"(第220页),但另一项现代法律事业却取得了明显的成功,即"成功地创制了渴求法律并根据法律的方式构想政治的中国主体"。中国公民"越来越多地向他们的雇主、房东、其他相同主体甚至国家提起诉讼"(第208页)。尽管络德睦说道:"我们所生活的世界在本质上是一个法律的世界"(第14页),他却并未将观察的视角投入到现代法中。不过,他指出了在中国日益增长的权利意识,并承认,在中国这样一个中央集权的国家,政府侵犯个人权利的危险更大,而法律作为一个"反霸权"的武器相当重要(第211页)。在为《法律东方主义》打上句号之时,络德睦观察到,虽然中国的政治和经济正在崛起,但"'中国法'的观念却受制于法律东方主义长期历史的困扰,继续给很多人一种自相矛盾的印象"(第235页)。

二、解构与法律东方主义

作为一项分析方法,解构是审视法律及其表面话语的一个途径。法律的技巧是为一项行为或状态下定义,并提供附属的法律效果;而解构却鼓励对法律的对抗的、二分法的特征进行质疑。例如，如果将解构适用于法律学说，就是鼓励对主要规则及其例外或附属规则之间的关系进行审查。事物的差异本是前提，但解构将差异问题化，并揭示相似性，从而使得法律的二分法看起来不再站得住脚。当适用于法律学说的理论根基时，解构意味着：如果有一个使我们理解法律概念存在的正统叙事，那么就可能还存在着一个能够产生"反视角"的边缘化叙事。① 如果我们识别出了一个被假定为普世的价值，那么我们或许要问一下这是否其实只是地区性的价值。

的确，解构的技巧在《法律东方主义》中得到了大量的应用。在关于中国的公司法（该部门法被推定为近代才诞生，这是其主要特征）的案例研究中，对中美两国法律如此特征的论述引人瞩目：中国家族法与美国公司法的结构相当，并且前者发挥着后者的功能（第67页）。论述集中在中国家族的组织和功能（例如祭祀公业）等若干方面。将中国家族法解释为一种公司法，其中一个重要方面是从儒家思想这一国家意识形态来观察个体所追求的经济利益。在美国法中，集体型的实体则是个例外，因此该实体必须通过运用法律拟制而成为法人。而在儒家思想中却恰好相反：其出发点就是集体型的，个体追求经济利益的活动必须隐藏在亲属关系之后（第64—65页）。络德睦提出，如果仔细观察，亲属关系隐藏着通过合同实现的关系。② 有观点认为，中国完全是与家族而非合同紧密相关的，络德睦的论断则使得该观点无法自圆其说。接下来的便是反面论证，即关于当代美国公司法诸多方面带有家族主义痕迹的论述。作者引人入胜的考察包含着接二连三的正反论证。这些正反论证皆依托于汉学、宗族关系学、人类学和法律史学的最新研究成果。可以说，中美两国法律的表面差异建立在"个体认可/集体认可"这一对立体之上，而作者的考察却使得这一差异不再稳定。

尽管如此，解构不能提供规范性的方向，也不能完全解释法律中的某

---

① See Jack M. Balkin, "Nested Oppositions," *Yale Law Journal*, Vol. 99: 1669(1990).
② 络德睦将入赘婚作为例子。与儒家理念相背，入赘婚是指女婿被一家没有儿子的家庭纳入家门，并嫁给他新姐妹中的一位（第77页）。而童养媳的这一婚姻实践却与之不同：一名女童被纳入另一家庭，待其成年后嫁给她新兄弟中的一位。See Arthur P. Wolf, "Adopt a Daughter-in-Law, Marry a Sister: A Chinese Solution to the Problem of the Incest Taboo," *American Anthropologist*, Vol. 70: 864(1968); Arthur P. Wolf, "Childhood Association, Sexual Attraction, and the Incest Taboo: A Chinese Case," *American Anthropologist*, Vol. 68: 883(1966).

一价值为何被选中而另一个却被抛弃。所以,解构并不能被延伸成这样的反诘:我们为何产生了某项具体的法律学说甚至是整个法律体系? 又为何拒绝了其他概念和模型? 通过从后殖民研究中获得的直觉知识,《法律东方主义》解决了这一局限。关于美国法、中国法和国际法,该书为"东方主义对(它们的)发展所产生之影响"提供了一种理解(第3页)。络德睦观察到这些类型的法律(包括"法律"本身)都不是"先在的知识客体"(第3页),并借用鲍温图拉·德·苏撒·桑托斯(Boaventura de Sousa Santos)的"合法间性(interlegality)"理论①,阐述了法律东方主义的诸多本质化话语之间的"交互主体性联系(intersubjective links)":关于中国法律的美国式偏见、关于美国法律的中国式偏见、中国人对于自身法律的偏见以及美国人对于自身法律的偏见。

三、东方主义和比较法

现在,我们来考察一下《法律东方主义》对外国法研习方法所做的贡献。在学术界,仍然普遍存在许多学会或期刊,是针对"外国法和比较法"或"国际法、外国法和比较法"的。这暗示着这些不同类型的法虽相互分离,但能被聚合在一起。关于它们之间的区分,络德睦坚持认为"外国法"和"比较法"是不可分离的,因为比较是"不可避免的";即便在我们不进行有意识的比较的时候,我们的出发点也总是我们自己的制度(第35页)。在络德睦的法律东方主义路径中,比较法和国际法是相互勾连的。在关于美国和中国的特定路径中,"现代国际法这一新兴专业,是将比较法这一学科产生的知识转化为政治制度的首要工具"(第110页)。

不过,该书的主要目的在于谴责"比较法研习者"(第109页)和"法律学者"(第110页)针对中国法律所犯下的错误。这些错误包括中国法律被推定在法治意义上的缺失、其被断言仅包含刑法的内容、其对公司法的缺乏,等等。虽然对于西方学者所著的关于中国法的较新的学术著作,《法律东方主义》鲜有批判,但东方主义的危险仍然潜藏在对外国法的研习之中。然而相较于放弃对外国法的研习,络德睦的出发点是"并不存在可获取的纯粹的、非东方主义的知识"(第6页)。由此,我们将与"东方主

---

① See Boaventura de S. Santos, *Toward a New Common Sense*, Routledge, 1995, p. 385.

义的伦理观"相伴而向前推进(第 24 页、第 54 页)。东方主义作为"法律知识的结构"(第 23 页)创造了我们和他人,因此络德睦认为,进行比较的权力必须被"负责任地"行使。他唯恐我们的比较对"他者"造成实质影响。正如之前所见,这些影响是长效的。同样长期延续的还有法律东方主义在观念上的遗产:正如络德睦自己对从黑格尔到德里达等诸多西方思想家观点的引用所显示的那样,一旦东方化,则永远东方化。

那么,合乎伦理的比较法(ethical comparative law)是什么样的呢?首先,络德睦解释了"伦理(ethics)"和"道德(morality)"之间的根本区别。后者由"规范性体系"所组成。这些体系"假定一个先在的道德主体,并为该主体的正当行动拟定指南"(第 54 页)。另一方面,"伦理"作为一个规范性体系关注的则是主体本身的形成;"在此意义下的伦理调整的是主体出现的条件"(第 54 页)。避开道德就是为了防止对某些探究的排除。络德睦进一步阐述道:"由此,我们应当考虑我们在比较中主体化他人的方式:既在通常意义上限制他们作为主体的能动性,又在主体化意义上承认他们是具有能动性的主体。"(第 55 页)

在该书中,散落着一些对伦理的比较法的指导方针。它们可被归纳如下:(1)我们可以采用一种功能主义的方法,但不应寻找完全的等价物;(2)我们不能假定所有的法律和法律体系都遵循同样的发展路径;(3)我们应该更多地关注被比较的两项客体之间的相似性,以确保"国内的那种法律矛盾"不至于被简单地推演到别处(第 55 页);(4)我们不能被误导而认为通过对"他者"的赞许,就可以避免东方主义,因为即使是积极的东方主义也会将另一物降格为"高贵野蛮人的法律等价物"(第 56 页)[①];(5)我们有必要意识到历史如何(通过比较)塑造了知识领域;(6)我们必须将传统的叙述和概念作为地方性的来看待,根据比较研究来重新审视它们;(7)我们必须认识到传统的叙述和概念在任何情况下都不是事先创造的,因为就像"他者"是由自我创造的,自我也是由创造"他者"的过程所创造的;(8)除了通常的区分甲和乙的比较外,我们还应该将甲和乙进行相互比较;以及(9)正如络德睦在《法律东方主义》第三

---

① 络德睦举的例子是:西方通过观察,认为中国赞同"和解和调解"。这一观点来自于"西方对于儒家意识形态拟制的一种不加鉴别的接受,认为中国人天生喜欢将他们自己受制于集团道德的支配"(第 56 页)。络德睦强有力地指出,虽然这种东方主义是积极的,但在其被与西方及其固有的现代性(包含现代法律)进行对比的限度内,它仍然将中国人从法律和现代性中排除了。

章所展示的,我们应当参考种类广泛的文献。的确,正如前文所述,该章是比较方法论的一个绝妙的操作性实例。

更广泛地来讲,络德睦提议,即使我们可能冒着"某种对法律纯洁性信仰的丧失"的危险(第233页),也应对法律的潜力及其缺点进行更为诚恳的评估,特别是在欧美法律中。这项任务既是要"管控"法律,同时也是要控制住我们将法律的缺点映射到"他者"身上的倾向。相较于"法治/人治"的二元结构,该现实主义或许暗示着一种不具有那么鲜明之矛盾对立的二元分析框架,并由此可为"不同法律传统之间更加有效的交流"铺平道路(第233页)。

络德睦坚持东方主义的不可避免性,并提出合乎伦理的比较法研究方法。由此,他在为比较法的辩护上已经做出很多。事实上,现代欧美法律概念只能通过法律东方主义的历史来进行理解。正是因此,络德睦对比较法研习的必要性是拥护的。尽管缺乏清晰的时间线索以及少数论证有待商榷,但《法律东方主义》作为一部想象力丰富的著作仍然令人印象深刻。

国际法的批判史何以可能?*
——评《国家间的正义》与《法律东方主义》

〔美〕珍妮弗·皮茨** 著 马东飞*** 译

对于胡果·格劳秀斯(Hugo Grotius)和阿尔贝里科·贞提利(Alberico Gentili)等近代早期学者而言,欲洞悉国际法的原则,必然要追溯其历史(尤其是罗马史)。当冯·奥普特达(D. H. L. von Ompteda)、罗伯特·沃德(Robert Ward)、亨利·惠顿(Henry Wheaton)分别于1785年、1795年和1841年写出了第一批关于国际法历史的著作时,史学的主要作用在于:超越法律原则的规范基础解决争端与主张权利,将新近的实践确认为习惯法,以及界定国际法共同体的范围。然而在20世纪的大部分时间中,国际法领域的学者却对其学科的历史并不关心。在过去二十年,国际法学术发生了史学转向(historical turn)。① 这一转变不仅要求该领域的重新定向,也呼吁对学科传统路径的回归。19世纪后期,随着专家群体、专业期刊和大学教席的出现,国际法成为了专家的独享领域。而当下的这一转向,使得国际法学术重又回到与其他不同学科的对话和

---

* 原文载于《政治理论》2015年第43期。对于皮茨教授的慷慨授权以及《法律东方主义:中国、美国与现代法》中文版译者魏磊杰博士拨冗审校本译文所付出的辛劳,本人谨表由衷谢忱!
** 美国芝加哥大学政治学副教授。
*** 清华大学法学院2014级宪法学硕士研究生。
① 《国际法史杂志》(*Journal of the History of International Law*)于1999年创刊。另外,牛津大学出版社刚刚开始组织一套关于国际法的理论和历史的系列丛书,其中第一卷已于2015年出版。

交流之中。这些学科包括历史学、人类学、国际关系学和政治理论。① 国际法学成为更广阔领域的学者和公众的论说对象,恰有些像是回归到了前学科的状态。

　　新近的史学转向受到了后殖民主义思潮的深刻影响。这是它突出的特点。因而,在这个长久缺失历史兴趣的领域中,历史兴趣的复兴也意味着对国际法原有身份界定的挑战。因为一直以来,国际法被认为是欧洲法律系谱对周边世界的解放事业。最能体现史学转向这一特点的著作是马蒂·科斯肯涅米(Martti Koskenniemi)于2000年写出的《万民的温良教化:一部新国际法史》(Gentle Civiliser of Nations: The Rise and Fall of International Law)。他以此书开启了关于国际法身份的讨论,并且一直在其中引领潮流。安东尼·安吉(Antony Anghie)于2004年完成的《帝国主义、主权和国际法的诞生》(Imperialism, Sovereignty, and the Making of International Law)则是另外一部里程碑式的著作。该书回溯历史,系统地描述了国际法与欧洲帝国扩张之间的联系。科斯肯涅米也通过"1873年的那些人"的生平和著作展现出了这种联系。那一代的法学家标榜"世界和谐的图景",奠定了国际法的第一层基石,尽管他们在1885年的柏林会议上为瓜分非洲大陆提供了协助。20世纪五六十年代的去殖民化时期,也有许多可被看做是科斯肯涅米和安吉之前辈的国际法学家。比如乔治·阿比撒布(Georges Abi-Saab)、阿南德(R. P. Anand)和约格·卡斯塔内达(Jorge Castaneda)。他们是后来名为"国际法第三世界方法"(TWAIL)运动的先行者。在这一运动中,著名国际法史学家查尔斯·亨利·亚历山德罗维奇(Charles Henry Alexandrowicz)的著作尤为基础。他是奥匈帝国的一位波兰裔将军的儿子,在英国、印度马德拉斯以及悉尼度过职业生涯。他的历史著作渗透着他挑战西方传统国际法观念的决心。这种观念认为,后殖民国家必然只能接受已经成为

---

　　① 国际观念史重新引起了普遍的兴趣。有关于此,特别参见《现代国际观念的基础》一书(David Armitage, Foundations of Modern International Thought, Cambridge University Press, 2013)以及《欧洲观念史》2015年第41期的专题讨论。亦可参见 Duncan Bell, "International Relations: The Dawn of a Historiographical Turn?" British Journal of Politics and International Relations, Vol. 3(2001), pp. 115-26。

一种欧洲"既定事实"(*fait accompli*)的国际法律秩序。① 大量杰出著作的问世,彰显出此等学术进路的欣欣向荣。近来比较著名的例子有安德鲁·菲茨毛利斯(Andrew Fitzmaurice)的《主权、财产和帝国:1500—2000》(*Sovereignty*, *Property and Empire 1500—2000*)、阿尔努夫·贝克·洛卡(Arnulf Becker Lorca)的《混血的国际法》(*Mestizo International Law*)、欧德特·利诺(Odette Lienau)的《主权债务的再思考》(*Rethinking Sovereign Debt*)以及络德睦(Teemu Ruskola)的《法律东方主义》(*Legal Orientalism*)。新版的大部头《牛津国际法史手册》最为清晰地展现了后殖民主义思潮对国际法史学的影响。编者们坚持"超越欧洲中心主义"的立场,捕捉全球史中的最新发展,并以此作为此书最为核心的任务。②

尽管如此,此史学转向仍然缺乏某一学者对国际法史所进行的自洽融贯的叙述。比较权威的该种著作既陈旧且问题重重。比如阿瑟·努斯鲍姆(Arthur Nussbaum)的《简明国际法史》(*A Concise History of the Law of Nations*)在1947年首次出版(修订于1954年);威廉·格列维(Wilhelm Grewe)的《国际法的纪元》(*Epochs of International Law*)大部分写于德国纳粹时期,但直到1984年才出版,而英文版甚至直到2000年才问世。史蒂芬·涅夫(Stephen Neff)的《国家间的正义》(*Justice among Nations*: *A History of International Law*)一书可谓终结了这一尴尬的局面。该著作视野宏阔,清晰而生动地展现了一个完整的图景。涅夫博学多览,他运用资料驾轻就熟且紧跟本领域最前沿的动向。因此,他的著作拥有极高的学术价值。但《国家间的正义》是对批判主义法学理论或后殖民主义思潮的反动,可被认为乃是传统国际法史学的集大成者。他接受那些两百年前欧洲学者关于国际法史特征的基本论点,并认为:各国法律平等和独立自主的观念源于欧洲并扩散于世界;自然法思想和实证主义的拉锯,推动着国际法学思想的发展;国际法有学说化取向,不同

---

① C. H. Alexandrowicz, "The New States and International Law," *Millennium*, Vol. 3 (1974), p. 226. 他的许多文章现在都较难看到。在本文第一个注释中提到的牛津大学系列丛书中,将要出版一部他的论文集(*The Law of Nations in Global History*, ed. David Armitage and Jennifer Pitts)。该文集试图促进当下对于其著作的整理和研究。

② Bardo Fassbender and Anne Peters, ed., *Oxford Handbook of the History of International Law*, Oxford University Press, 2012, p. 4.

的学说体系互相竞争,并且,各种学说开创者是谁也一直处于争论之中。

安吉和科斯肯涅米都意识到历史的叙说不可避免地暗含着特定的政治性。然而涅夫却在寻求一种客观的立场。由于他的著作涵盖过广同时又避免明显的规范判断,因此很难说具有一个核心论点。尽管如此,我们仍然可以发现其中的若干前见,尤其是格劳秀斯二元论的倾向(就此,后文亦会详述)。他热衷于重述贯穿几个世纪的古老观念,如"天然的社会性(natural sociability)"。他也对法律规范的意义变迁颇感兴趣。法律规范常常脱离原始的文本含义,产生意料之外的规范效果。他以1928年的《凯洛格—白里安条约》(Kellogg-Briand Pact)为例。该条约关于"禁止将战争作为国家政策的手段"的规定,原本只对国家有拘束力,却在纽伦堡审判当中得到援引来作为个人责任的依据。

涅夫对国际法的各种学派如数家珍。他清晰练达地呈现了学者们的思想经历、不同学说的发展脉络以及与学说发展相关的国家的实践和机构的成长。如同娴熟的素描画家,他勾勒出不同学派的轮廓,并明白简洁地描绘出学派间的关键区别。也许这样说有些夸张,但他就如站在奥林匹斯山上一般,观望着众多的比赛者。如果我们也采用这种视角,却很难把这部著作归入任何一个学派。他对批判主义法学研究的述评,主要基于哈佛大学法学院的戴维·肯尼迪(David Kennedy)和科斯肯涅米的著作。他对该学派颇有微词,然而也做出了礼貌的评价。他说,批判主义法学运动是"20世纪60年代反叛精神的延续",有着"悲观和消沉的气息";批判主义法学运动几乎没有影响到实践,只能说是激起了思想上的涟漪,尽管"不应低估开放性思想的价值"(第459页、第461页)。①

对涅夫来说,国际法学思想史中最持久的图景是自然法思想和实证主义间的拉锯战,而且或许最具决定性的时刻是19世纪末实证主义的大获全胜。他把自近代早期以来的学者分别置于一条从完全的自然法学派到完全的法律实证主义的色谱当中。前者认为,普遍的自然法是有约束力的国家责任的唯一来源;后者认为,国际法不过是国家实践的记录。他将大部分的学者归入两者之间,称之为格劳秀斯主义者或者二元主义者。

---

① 类似的,他这样评价剑桥大学当代法学家菲利普·阿洛特(Philip Allott):许多国际法学家抵制他"为人所知的新斯多亚暨新中世纪的混合理论,或许他们对此了解更少"(第466页)。

二元主义者同时接受自然法和人类的意志作为国际法的源泉,只是倾向有所不同。他把从自然法到实证主义的转变和权威联系起来,尽管他论述的某些方面仍然值得进一步讨论。他贬低基督教对近代早期自然法思想的影响,坚持认为自然法的根基在古代斯多亚哲学之中。罗马法,而不是基督教,赋予了自然法真正的普世主义或彻底的世界主义特质。自然法"既没有宗教的根源,也没有给予基督教信仰在其中以任何特殊地位"(第59页)。① 对涅夫而言,这种普世主义意味着"欧洲文明与其他社会文明迥然不同"。尽管自然法确实没有宗教的根源,但是其古代的根基却并没有那么普世。随着时间的流逝,它增加了实质性的基督教因素,并且宗教的考虑也自然地呈现在自然法理论当中。② 毫无疑问,涅夫并没有注意到道德普世主义是如何与19世纪的实证主义主流相伴而生的。尽管这一点没有为实证主义者自己觉察到,但是在他们的文明化进程叙事当中却显得特别明显。这种文明化进程叙事,将所有社会置于一个共同的发展尺度当中,并且将欧洲当做它们是否适于为法律承认的判断者。

《国家间的正义》一书的主线不是一个论点,而是一个暗含的目的论。涅夫关注的是,形成目前国际关系原则体系的要素是如何发展而来的,包括制定条约的规则、国际争端的仲裁规则以及关于战争的规则。涅夫不仅描绘了早期历史中的"国际法的微光",同时也声称,较之于后来更为严格的标准,那些"微光"过于陈旧了(第7页)。这就犯了昆廷·斯金纳(Quentin Skinner)所批判的"学说之神话"(mythology of doctrines)的那种错误。这种错误意味着,历史学家将一个新近的学说归于早期尚不能接触到该学说的学者,或是将后来成为完备学说的赞誉归于那些似乎成功阐述了其中零星层面的学者,或是责备前人没有掌握我们如今才理解的知识。③ 对于涅夫以及那些斯金纳所批判的学者来说,在这样的声称

---

① 关于罗马和欧洲的世界主义的局限和帝国根源,可参见 Anthony Pagden, *The Burdens of Empire*, Cambridge University Press, 2015。

② See, e. g., Vitoria, "De Indis," in *Political Writings*, ed. Anthony Pagden, Cambridge: Cambridge University Press, 1991, pp. 284-87;亦可参见新教徒贞提利反对与无神论者结盟的理由。关于此讨论,详见 Noel Malcolm, "Alberico Gentili and the Ottomans," in *The Roman Foundations of the Law of Nations*, ed. Benedict Kingsbury and Benjamin Straumann, Oxford University Press, 2012, pp. 127-44。

③ Skinner, "Meaning and understanding in the history of ideas," in *Visions of Politics*, Cambridge University Press, 2002, vol. 1, pp. 57-89 at 59.

当中,作者的自我理解与观念的流转均不在讨论之列。涅夫认为,在中国的战国时代,人们发现了最早的"关于国际关系的系统论述"和"作为学科的国际法"(第 21 页),因而指出"我们可以有把握地认为古代中国是国际法的诞生地"。此时他并不是在说古代中国的实践影响了后来国际法的发展,而只是抽象地陈述一个跨越历史文化类型的概念范畴。这一进路既不同于许多历史学家所认为的,现代国际法是一个独特的思想构造;也不同于追溯古代的条约实践对后来法律实际影响的那种努力。①

国际法的全球化进路意味着什么?一方面,它意味着不仅从欧洲国家间的交往,而且从更大范围内的国家,包括近代早期亚洲的商业帝国的交往中追溯国际法的基本原则和实践类型②;另一方面,它也意味着呈现出欧洲帝国主义的扩张是如何形塑了国际法理论中的核心教义,比如围绕着主权、干预、公海自由、贸易自由形成的教义。尽管涅夫指出国际法学科诞生于中国的先秦时代,但他自己致力于国际法全球化的努力却显得传统。他在美索不达米亚、印度和中国调查当地人对国际法基本问题的看法,比如:"国际关系的基本原则应当是什么""条约是如何缔结和得到遵从的""学说和国家实践之间是什么关系"等。他的这种方法让我想起了比利时的饱学之士、历史学家弗朗索瓦·劳伦(François Laurent),他的八卷本著作《国际法和国际关系的历史》(Histoire du droit des gens et des relations internationals,2nd ed. 1855)第一卷专门讨论了古代"东方"各国的国际法原则。劳伦一定对于自己的进步主义感到自信。他的目标是"历史地证明人类是迈向团结与和平的",他把"古代的使命"归结为"基督教来临前的准备"。③ 虽然涅夫大概不会做出这样的主张,但是他的努力,也只是沿用了 19 世纪的理论模型。在这种理论模型当中,国际法似乎是超越时空、永恒不变的。不同的社会都在追寻同样的国际法

---

① 关于前者,可以参见菲茨毛利斯的主张。他认为现代国际法是后宗教改革时代的现象。它的普世主义姿态回应了欧洲的神权政治。See Andrew Fitzmaurice, *Sovereignty, Property and Empire 1500—2000*, Cambridge University Press, 2014, p. 10. 关于后者,兰代尔·勒萨福(Randall Lesaffer)从古代中东到古希腊再到古罗马,追溯了古代条约实践的流变和影响。See Lesaffer, in *Oxford handbook*, p. 72.

② See, e. g., C. H. Alexandrowicz, *An Introduction to the Law of Nations in the East Indies*, Clarendon Press, 1967.

③ François Laurent, *Histoire du droit des gens et des relations internationals*, 2nd ed. Gand, 1855, vol. 1; vi, 1.

基本问题,我们可以从如今这一高度分化和发展的精密体系中追溯到它在早期社会的源头。只不过在众多源头当中,欧洲的源头最有望发展成为当今的国际法体系。

涅夫乐于记述国际法的"进步",并会惋惜于"进步"受到的阻碍。在此叙事当中,涅夫古怪而轻率地滑向了殖民和进步者的立场。"简而言之,国际法的历史是一个稳步前进的历程,是法治的朝圣者对蛮夷之地英勇而持续的殖民史。他们将圣光撒向国际社会的那些黑暗角落。可惜,这个历程很难得到充分的证明。"(第481页)尽管我们不愿失礼,但不得不说他的表述背叛了其著作中一贯的敏锐。涅夫对"法治殖民"的失败感到遗憾,这显得有些刺耳。尤其是在这几十年,人们批判国际法长久以来扮演着的欧洲扩张和殖民的同谋角色。

涅夫的进步主义视角推动他去寻找"罗马—欧洲"国际法成功的纯粹智识上的原因。显然,他并没有意识到这种成功可能只不过是因为军事力量和帝国主义的扩张,还有如肯尼斯·波莫兰兹(Kenneth Pomeranz)所说的,欧洲帝国主义凭借其对新世界资源的控制而形成的经济力量。[1] 对涅夫而言,欧洲系谱的国际法才是真正普世主义的。它倡导国家的独立而平等,并且有着实用的学术方法。他认为,作为欧洲国际法源流的斯多亚主义,比起古代中国那套社会间关系的理解,要显得更为普世。毕竟,斯多亚主义构想出了"一个宏大且整一的自然体系",而不是一个文化体系。它也没有"赋予希腊或者罗马文化本质的优越地位"(第44页)。相反,中国一直"固执而持续地拒绝"周边国家事实上的平等地位。这"根本阻碍了中国形成'独立平等国家'的那种理念,而后者恰恰是后来国际法思想的核心"(第41页)。这样的主张低估了渗透在古希腊思想中的那种文化优越感以及罗马对自身最高权威(*maiestas*)的坚持。正如克里夫德·安都(Clifford Ando)指出的那样,"Maiestas"这个词意味着"伟大",本质上是一个比较的和等级性的概念。[2] 涅夫声称,古罗马的非个人化的法律规则的概念,决定了现代国际法的源泉是古罗马而不是古代中国。

---

[1] Kenneth Pomeranz, *The Great Divergence: China, Europe, and the Making of the Modern World Economy*, Princeton University Press, 2000.

[2] See Clifford Ando, *Law, Language and Empire in the Roman Tradition*, University of Pennsylvania Press, 2011, p. 104.

然而他恰恰忽略的是,欧洲在其全球的殖民和商业扩张当中,把它自己的法律体系强加给了其他地区。因而,涅夫的叙事与其说是历史的陈述,不如说是神话的创造。虽然他声言放弃了明显的规范判断和政治倾向性,但他却把历史看做是观念受到普遍承认的历程。正如罗马—欧洲体系的成功所显示的那样,观念受到普遍承认只是因为观念本身的规范上的优越性,其中最主要的观念就是国家间的平等和独立。涅夫拒斥了所有的批判性立场,并且在历史的叙事当中夹带了规范判断。在涅夫的叙事当中,中国昙花一现,只不过是作为历史悠久的国际法的西方系谱的陪衬。尽管中国早期的国际法也有复杂的体系,但是因为特定的不足(比如"固执地拒绝……"),它最终没能对现代国际法律秩序产生实质的贡献。

络德睦(Teemu Ruskola)的杰出著作提醒我们,这样的东西方比较的工作实际上建构了现代法律,也建构了"现代"本身。他写道,法律是"向世界和我们自身灌输意义"的普遍人类事业中的"意义的资源"(第59页)。法律东方主义的陈述也是内含于其中的。他充分利用灵活的理论和关于中美法律史的丰富的经验材料,令人信服地说明:法律处于"现代"主体性的核心;东方的"他者"始终作为美国自我理解和法律现代性概念的陪衬。正如他指出的,东方主义的现象,除了萨义德(Edward Said)所做的贯穿整个人文社科领域的分析,在法律的领域仍然缺乏必要的关注。络德睦的著作是近来后殖民主义理论进路的法学学术当中最有影响力的学术成果之一。法律东方主义的建构性角色是西方和当今全球法律思想的"认识论实践"(第10页)。由此他反对海市蜃楼般的"反东方主义的道德",而是提出"东方主义的伦理"(第24页)。在提出此等想法的时候,络德睦提供了一个判断法律实践和范式的有力方法。这个方法能够提示我们判断本身的界限。相较于涅夫,他更为公开且自觉地采用了规范分析的方法。当然,也更为灵活。

络德睦诙谐地讲述了第一次鸦片战争后中美间的故事。凯莱布·顾盛(Caleb Cushing)议员是美国派往中国的第一位使者,他1844年来到中国洽谈商事条约。当他的船队来到中国时,中国禁止为他鸣放21响的礼炮。因为中国并不遵循这样的国际惯例,而且担心礼炮会惊扰到居民。中国的皇帝也拒绝接见顾盛,因为并没有皇帝接见美国使者的先例。顾盛感到愤怒,声称他最起码的使命即是确保"西方国家间惯常的致敬方式不被遗漏",并威胁中国遵守"国家间交往的一般礼节"(第132页)。顾盛的这种自以为是恰好反映了西方国家与非西方国家交往的基本态度。那就是,它诉诸前提性的原则、国家间互相尊重的理想,并把西方的习惯当做是全世界的法律。基于此,它把中国置于法律上的附属地位,并且将对之使用的暴力合法化。

当英国发动鸦片战争时,大多数美国人还站在中国一边,谴责英国的骄横自大。在此十年前,美国也与暹罗(泰国)签订了和平条约,尊重暹罗政府对当地美国人的司法管辖权。但是,顾盛的出使标志着美国接受并推进了被络德睦称为"法律东方主义"的那种欧洲法律范式。中美《望厦条约》的内容远远超过了顾盛本来的使命。它赋予美国对在华美国人的领事裁判权,其宽泛程度远远超过顾盛援引的那些先例。这些先例包括欧洲国家与奥斯曼帝国和北非伊斯兰国家签订的条约。顾盛这样做的核心理由是基于一个经过修正的国际法历史。他写道,传统的理论家错误地认为国际法普遍适用于各国,但"实际上,那只是基督教世界的国际法"。他刻意扭曲了历史,声称英国从来没有把它的公民置于过非基督教国家的司法管辖之下。在这一部分,络德睦举出许多例子来说明法律自我再生的奇特能力。顾盛错误地援引北非的先例而在中国主张领事裁判权,这反过来又成为在北非伊斯兰国家主张领事裁判权的先例。络德睦将此注解为"作为一种全球散播话语的法律东方主义所具有的极其重要的言外之意效应(illocutionary effect)":一旦中国法被欧洲人权威性地界定为专制和肆意的,而美国若继续遵从中国的司法管辖,那它很可能在欧洲人眼中被视作是在自贬身价。

顾盛同时提出了欧洲国际法的"普遍性"和"特殊性"。中国拒绝遵守西方的惯例(即便如纯粹仪式性的礼炮鸣放),就意味着它无法坚持一个它应当承认的标准,然而也不能指望西方国家把它们自己的法律所承认的标准延伸到中国和其他类似的国家。说欧洲国际法具有普遍性,意指它应当约束所有国家。但中国是一个缺乏法治的例外。同样的,说欧洲国际法具有特殊性,意指因为国际法只是在欧洲国家间通用,所以中国和西方不可能成为法律共同体。在两种情况下,结果都不外乎是以法律的形式固化权力的不均衡,认定中国的差异具有道德上的劣势。

他同意迪皮什·查克拉巴蒂(Dipesh Chakrabarty)的观点,认为,狭隘的欧洲分析范畴(analytical categories)对于帮助我们分析任何现代社会,既必不可少,但又不甚充分,因此我们的目标并不是完全消解它。[1]但是,他已经开始尝试动摇西方/美国基于传统立场的以自己的标准衡量他者的做法。络德睦专章比较了中国的亲属法和美国的公司法,呈现了他所主张的"东方主义伦理"的具体含义。这个比较工作初步挑战了无论中外都广为流传的前见。该种前见认为,中国历史上并没有商事法或者公司法,因而引介外国公司法对中国的现代化而言必不可少。对此,其他的批评者可能努力寻找证据,证明中国历史上"确实存在"着公司法的要素。然而,络德睦却介绍了他所谓的"反向类比"的方法,追问:中国的亲属法如何实现了美国公司法的许多功能,美国公司法转而如何像中国亲属法那样发挥作用。虽然这种进路包含了一定程度的功能主义,而由此自身可能受到批评,但是他令人信服地说明,相较于常见的那种把欧洲或者西方实践当做隐含或明显标准的比较方法,适度的功能主义进路应当更为可取。这一章不仅仅富有启示性地呈现了中美两国促进财产流转和组织人员的多种多样的法律安排,同时也敏锐地反思了比较方法本身。这种反思极大地推助了政治学中关于比较政治理论基本方法的讨论。络德睦指出,比较行为生产出被比较之客体,进而形塑了我们对自我的理解。

络德睦将美国的"独特的普世性"与中国的"普世的独特性"进行了对比(第9页)。这种对比可谓鞭辟入里。这些术语直入法律东方主义及其广泛影响的核心地带。长期以来,美国和西欧认为自己是独特的,因为它们把普世的价值发展成为具体的法律体系。而中国,则被视为完全相反的独特的法律和政治文化的典型。络德睦不禁疑问,为何中国的实践只能"产生证成或证伪异域成熟理论的二手资料",而不能成为其本身就具有正当性理论的源泉?或许络德睦的著作不如涅夫那样权威而宏阔,但是他细致与理论化地梳理了涵盖广泛主题的现象。这些主题包括:美国官员所理解的国际法、关涉移民问题的美国宪法、美国驻华法院和上海公共租界会审公廨的"法理幻境"(第173页)以及当代中国的法制改革。

---

[1] Dipesh Chakrabarty, *Provincializing Europe: Postcolonial Thought and Historical Difference*, Princeton University Press, 2000.

长久以来,人们一直希望存在真正普世的国际法。学者们要么简单地主张国际法原则的普遍适用,要么致力于使它的原则和框架扩张至全球的事业。从18世纪末国际法学科诞生至今,它的历史错综复杂。突破过去狭隘的欧洲视角,意味着当下学科需要彻底的"全球化"转向。因此,近来许多学者强调国际法的"压制—解放"的双重面向:一方面,它是权力滥用(主要是欧洲/西方)的同谋;另一方面,它也为批判提供了潜在资源。[①]与此主张相伴随的观点认为,国际法及其叙事都必然是政治性的。[②] 这是颇值欣喜的转向。过去人们希望法律可以提供一个超越或者外在于政治的视角,就像人权法和人道主义法的许多倡导者憧憬的那样,仅仅成为一套解决争端和救济侵害的技术性的词汇和机制。但是这种期许最近受到了萨缪尔·莫因(Samuel Moyn)和戴维·肯尼迪等学者的严肃批评。国际法不是脱离政治的避难所,而是一个政治性的叙事。它一度是欧洲历史的特别产物(传统观点认为那里存在真理的胚芽),如今也是全球历史的产物,尽管后者常常充满了血泪。这是一段不可片面叙述的、努力寻求普遍的正当性的历史。尽管普世价值的名义催生了暴力,但为了满足寻求普遍正当性的强烈渴望,国际法的思想史仍然是丰富而必要的矿藏。

[①] 采用艾曼纽尔·儒阿特(Emmanuelle Jouannet)的话来说,"国际法有着内在的矛盾,它同时有着压制的机制和解放的机制"。See Emmanuelle Jouannet, *A Short Introduction to International Law*, Cambridge University Press, 2013, p.1. 类似的,桑迪亚·帕胡佳(Sundhya Pahuja)将其称之为"双重性":国际法有着"帝国主义与反帝国主义的双重面向"。See Sundhya Pahuja, *Decolonizing International Law*, Cambridge University Press, 2011, p.1.

[②] 诚如科斯肯涅米所说的那样,"国际法领域中不可能存在完全去政治化的选择"。See Martti Koskenniemi, *From Apology to Utopia*, Cambridge University Press, 2005, epilogue to the second edition, pp.589ff., 596.

超越法律

"达沃斯人"的黄昏?

孙璐璐*

"达沃斯人"(Davos man)——在美国政治学家塞缪尔·亨廷顿(Samuel Huntington)笔下,这一词语指的并不是瑞士达沃斯的本地居民,而是一群"从天而降"的外地人和外国人,他们是每年到这个风景优美的小镇出席世界经济论坛(The World Economic Forum)的跨国精英,其中的主体是金融投资家、跨国财团与支持全球化的国际组织高层人士,也有一些大国政要。①这一论坛的创立者施瓦布(Klaus Schwab)1975年提出"全球企业公民"的概念。"达沃斯人"作为"法律全球化"的鼓吹者,他们致力于积极推动一套超越民族国家、并服务于跨国资本主义市场体系的国际法规则的发展。

在这个"朋友圈"里,出现了越来越多的中国人的身影。自20世纪70年代末以来,中国就一直与世界经济论坛保持着良好的合作关系。参与达沃斯,代表着一种姿态,即中国会坚定不移地保持开放。而达沃斯给予中国精英的待遇,也代表着一个顶级的全球化精英"朋友圈"对于中国的基本态度。

对"达沃斯人"的批判一直存在。每年世界经济论坛总是会遭遇到许多反全球化人士的抗议。2000年,产生了一个"世界社会论坛",与世界经济论坛分庭抗礼。但是,这些都不足以动摇"达沃斯人"的既有地位。但2016年,世界的风向却在发生显著的变化。2016年6月,英国公投"脱欧";在2016年10月5日的英国保守党大会上,新任英国首相特蕾

---

* 北京大学法学院法学理论专业2011级博士生。
① 参见〔美〕塞缪尔·亨廷顿:《文明的冲突与世界秩序的重建》,周琪等译,新华出版社2010年版,第36页。

莎·梅宣布,从今以后,如果"你自以为属于世界公民,那你就不属于任何一个国家",因为你完全不理解"公民身份"的意义。梅首相指出,国防是重中之重,"我们再也不会让那些社会活动家(activists)、人权律师(human rights lawyers)开嘴炮(harangue)威胁(harass)我们行使国家权力"。① 2016年12月1日,美国新当选总统唐纳德·特朗普在辛辛那提的答谢群众大会上呼应了梅首相两个月前的见解,高呼:"没有全球国歌,没有全球货币,没有全球公民证书,我们只效忠于一面国旗,那就是美国国旗……从现在开始,美国优先(America first)……"②

冷战结束以来,美国是新自由主义全球化的领导力量,英国是积极推动力量。相比于还保留着一些社会民主主义遗产的欧洲大陆国家,"达沃斯人"的价值观打着很深的英美烙印。但一眨眼的工夫,英美两国的领导人,却喊出了充满民族主义—国家主义色彩的口号。这给人的感觉是,英美以"群主"的身份拉了一个"朋友圈",原本是在不停地往里面拉人,突然有一天,群主公开指责这个群损害了自己的利益,这让所有的"群友"都目瞪口呆。

然而,如果亨廷顿仍然在世,他对这样的事件不会感到有多么意外。在1996年,美国领导的全球化如火如荼向前推进的时候,亨廷顿却写了《文明的冲突与世界秩序的重建》(以下简称《文明的冲突》),给西方的乐观主义者们浇了一瓢冷水。这本书的题目很容易让人望文生义,以为亨廷顿要故意挑拨文明之间的冲突。但事实上,这是一本劝诫西方意识到自己的力量边界,并节制自己的野心的著作。"达沃斯人",在亨廷顿看来,本来就是一群可疑的人,并不代表着世界的未来。

冷战落幕之前,福山就迫不及待地喊出了"历史终结"的口号,按照他的看法,自由民主+自由市场经济成为终结人类历史的模式,未来不可能产生新的、具有更高正当性的模式。而这暗示的是,西方已经达到的文明,本身就是普世的。但亨廷顿在《文明的冲突》中恰恰要对"普世文明"的观念进行釜底抽薪。亨廷顿指出,有四种常见的普世文明的含义,但都存在根本的缺点:(1)所有社会都有某些共享的关于什么是正确和谬误

---

① Theresa May's conference speech in full, at http://www.telegraph.co.uk/news/2016/10/05/theresa-mays-conference-speech-in-full/.

② Trump Pledges 'America First' in Speech on Victory Tour, at http://www.nbcnews.com/politics/politics-news/trump-pledges-america-first-speech-victory-tour-n691021.

的最低限度的道德观,和像家庭这样的共同基本体制,但这种"普世性"在亨廷顿看来过薄,根本无法阐明或解释人类行为的变化所构成的历史;(2)像城市与识字这样的文明化社会共有的东西,文明社会借此与"野蛮"区分开来,但这种"文明"的观念,与多元文明的存在并不矛盾;(3)西方文明中的许多人和其他文明中的一些人所持有的假定、价值观和主张,亨廷顿称之为"达沃斯文化",但是,在西方世界之外,拥有这种文化的人其实极少,甚至可能少到世界人口的0.1%,认同这种文化的精英往往在自己的社会里根基很浅,无法掌握大众;(4)西方消费模式与大众文化在全世界的传播的结果。但是,技术和文化时尚在文明之间的传播是自古就有的事情,它们并不足以消除文明的多样性。①

不仅如此,亨廷顿指出,普世文明的理念其实是西方文明的独特产物,其他文明之中缺乏这样的概念。冷战的结束并不意味着西方模式的胜利,因为种族、宗教和文明仍将继续造成冲突与分裂;国际经济贸易交流的增加,也未必能够造成一个共同的世界文化——"一战"之前欧洲各国之间的经济相互依赖已经非常深,但这未能阻止"一战"的爆发。认为非西方文明的现代化进程必然使之与西方文明趋同,也是一种浅薄的看法。因为现代化不等于西方化。非西方社会完全可以在不放弃自己的文化,不全盘采用西方价值观、体制与实践的前提下实现现代化。现代化的成功,反过来,又会增强非西方社会自身的文明认同。

亨廷顿之所以要反复强调西方的独特性而非普遍性,原因在于他对形势的一个总体判断:从全球的范围来看,西方的实力总体而言是在衰落之中。西方会直接统治地球上一半的陆地面积,但1993年西方直接控制的领土已比巅峰时期减少了一半。随着非西方国家人口与经济实力的增长,西方的人口与经济实力在全球中的比率也会出现相对的下降,非西方国家的军事能力也会不断加强。现代化带来的非西方社会权力的增长,导致非西方文化在全世界的复兴。而"二战"之后全球的宗教复兴运动,进一步加强了非西方社会的独立认同。②

在这样一个背景之下,亨廷顿试图努力保存和延续西方文明现有的实力和影响力。但要做到这一点,就需要西方世界的领导者们意识到自

---

① 参见〔美〕塞缪尔·亨廷顿:《文明的冲突与世界秩序的重建》,周琪等译,新华出版社2010年版,第35—37页。

② 同上注,第61—82页。

身的特殊性,不能出于一种虚幻的"普世文明"观念,透支自己的力量,从而导致提早衰落。而这就需要做到两点:第一,在西方各国内部,限制多元文化主义(multi-culturalism),保持西方文明的主导地位,不能无限度地搞族群和文化的多元化;第二,在全球范围内,尊重其他文明的存在,勿将自己的好恶强加于人,而这就意味着约束自己的帝国主义冲动,避免过度扩张。

第一个担心跟西方世界发生的移民涌入浪潮有很大关系。在亨廷顿看来,移民具有很强的文化政治含义,因为移民会带来自己的宗教与文化,如果主流社会无法同化它们,其结果就是多种截然不同的文化在一个空间里长期共存,这在很多时候会带来社会的分裂。他的担心是,欧洲社会很可能会出现基督徒和穆斯林两个群体的分裂,在美国社会出现拉美裔与美国主流社会的分裂。① 针对拉丁裔对美国认同所造成的冲击,亨廷顿在其后续的 Who Are We: The Challenges to America's National Identity 中作出了进一步的分析。②

第二个担心关系到对西方自身实力的保存和节约使用。亨廷顿指出,帝国主义是普世主义的必然逻辑结果。西方目前已经不具有将自己意志强加给其他社会必需的经济动力或者人口动力,靠帝国主义手段推行自身的价值观,也是有悖于西方自己的自决和民主价值观的。面对非西方文明实力的上升,西方的明智之举,"不是试图阻止权力的转移,而是学会在浅水中航行,忍受痛苦,减少冒险和捍卫自己的文化"。③ "捍卫自己的文化"这一表述中,当然也暗含了他对于移民的态度。

那么如何保护西方的实力呢?亨廷顿指出,最为重要的一点,是认识到西方对其他文明事务的干预,可能是造成多文明世界中的不稳定和潜在全球冲突的最危险的因素,这就是,不滥用自己的力量。其次,西方应该做到"打铁还需自身硬",努力保持技术和军事力量相对于其他文明的优势。西方需要加强内部一体化,同时,在与其他文明的关系上:(1) 鼓励拉丁美洲的西方化,促使拉美与西方结盟;(2) 承认俄罗斯的大国地

---

① 参见〔美〕塞缪尔·亨廷顿:《文明的冲突与世界秩序的重建》,周琪等译,新华出版社2010年版,第182页。
② 参见〔美〕塞缪尔·亨廷顿:《谁是美国人:美国国民特性面临的挑战》,程克雄译,新华出版社2010年版。
③ 〔美〕塞缪尔·亨廷顿:《文明的冲突与世界秩序的重建》,周琪等译,新华出版社2010年版,第287页。

位,尊重其传统安全利益;(3)抑制伊斯兰与华人国家常规和非常规军事力量的发展;(4)延缓日本脱离西方而顺应中国。① 从这几点之中,我们可以看到,亨廷顿事实上将中国放在一个战略对手的位置,提议美国遏制中国军事力量的增长,而阻止日本倒向中国,也是出于对中国力量的忧虑。

但是,在1996年之后的二十年里,西方世界听从了亨廷顿的建议了吗?事实表明,在大部分时间里,美国领导人的做法与亨廷顿的主张背道而驰。从与中国的关系来看,1996年的亨廷顿将中国视为西方实力的一个重要威胁,并担心再有十年的发展,中国的未来就不可限量。但西方的领导人们并没有注意他的警告。中国顺利地加入了WTO,并连续以每年两位数的速度增长,到2010年,中国按汇率计算的GDP就已经超过日本,成为世界第二大经济体。2001年小布什刚上台的时候,一度将中国作为假想敌,但伊斯兰极端主义的出现吸引了他的注意力,美国连续打了阿富汗战争与伊拉克战争,在奥巴马任内又遭遇了"阿拉伯之春",深陷中东事务。即便美国领导人意识到中国实力的增长,试图推动"亚太再平衡",也难以及时调配资源。

从与俄罗斯的关系来看,冷战之后的俄罗斯一度急切加入西方,叶利钦几乎对美国言听计从,但西方并没有像1815年维也纳会议上世袭王朝国家重新接纳战败的法国那样,接受俄罗斯为自身的成员,而是继续推动削弱俄罗斯,不断侵入俄罗斯的传统势力范围,最终引发了普京领导下的俄罗斯与欧美在乌克兰和叙利亚的代理人战争。欧美对俄罗斯的步步紧逼,导致俄罗斯与中国关系日益紧密,增强了两国的抗压能力。同时,俄罗斯也积极展开反击,在欧洲支持各国国内反对欧盟一体化的势力,在美国以网络舆论战介入总统大选,引发了欧盟与美国政府的恐慌。

而从国内事务来看,西方世界内部族群与文化的多元化不断推进。亨廷顿担忧拉丁裔移民涌入美国改变美国的民族性,而在《文明的冲突》出版之后的二十年内,美国拉丁裔移民又增加了一千多万。欧洲的穆斯林移民也在不断增加,其标杆性事件就是2015年的欧洲难民危机,一百多万以青年男性穆斯林为主的难民,突然涌入欧洲,德国接收了其中的大

---

① 参见〔美〕塞缪尔·亨廷顿:《文明的冲突与世界秩序的重建》,周琪等译,新华出版社2010年版,第287—288页。

部分。但是,欧洲内部的文化撕裂日趋严重,恐怖袭击也频繁发生。

这一系列发展,削弱了西方的总体实力,也削弱了西方世界的内部团结。但是,特朗普的当选表明,美国的政治精英们已经认识到了这个问题,并试图纠正这些问题。如果对比一下亨廷顿与特朗普,可以发现,特朗普几乎是以一种粗俗和扭曲的方式,重现了亨廷顿的许多主张:(1) 特朗普以反"政治正确"起家,而那套"政治正确"恰恰是西方在世界上主张其文明普遍性必不可少的基础,同时对于维护西方世界内部的团结来说也是必要的。特朗普批评前任政府"输出民主",符合亨廷顿的主张,但其在身份政治(identity politics)上对于美国文化左派的激烈冒犯,却是超出了亨廷顿的尺度。按照安东尼·葛兰西(Antonio Gramsci)的"霸权"(hegemony)概念,霸权不能仅靠强力(force)维系,而必须获得被统治者的同意(consent),特朗普的反"政治正确",因而走得比亨廷顿主张的更远,不仅削弱了西方世界在非西方世界的普遍性主张,甚至削弱了美国在西方世界内部的霸权。(2) 特朗普主张在经济上重新振兴美国,尤其是振兴美国的制造业,同时保持美国的军事优势,符合亨廷顿的主张;(3) 特朗普主张"修长城",收紧移民门槛,遣返非法移民,是对亨廷顿的"保种、保教"忧虑的直接响应;(4) 特朗普主张尊重俄国的传统利益,改善与俄罗斯的关系,符合亨廷顿的对俄方针;(5) 最后,特朗普主张将中国作为首要对手,遏制中国实力的增长,更与亨廷顿若合符节。

因此,特朗普对中国的攻击,就不是他一个人的突发奇想,而是美国保守派二十多年来全球战略思考的最新发展。也许,本来可以出现一个更为优雅和精致一些的特朗普版本。但是,美国深陷内外危机,以至于掌控美国的资本集团对关系盘根错节的华盛顿政坛"老司机"们失去了信心,从而挑选了一个没有历史负担的"局外人"来打破既得利益格局。

二十年前,亨廷顿就宣告了"达沃斯人"在非西方世界的无根性,现在,英国梅首相的演讲与特朗普的当选,进一步表明,即便是在西方世界内部,"达沃斯人"也不是那么受欢迎。来到这里的"全球企业公民",主要是各种各样的跨国财团,它们在全世界投资,获取超额利润;会议上也有"全球企业公民责任"的议题,但这个世界上还不存在能够代表全球人民向"达沃斯人"问责的主体;而跨国金融和贸易网络的发展,使得单个民族国家已经很难凭借一己之力向他们问责。梅首相和特朗普都宣告,不存在世界公民这回事,每个人都是有祖国的。但特朗普的指责更严厉,正是全球化的持续推进,导致美国白人下层劳动就业岗位的流失,他要对"达沃斯人"们施加压力,让他们将企业迁回国内。从"达沃斯人"的观感而言,特朗普的举动就是一种"逆全球化",是民族国家的民粹主义对于全球化过程中日渐走向自治的"新商人法"[①]的粗暴干预。但是,不管如何,他赢得了白宫宝座,那就可以对既有的全球化进程施加重要影响,并引发其他国家的类似举动。

对于许多想混到达沃斯"朋友圈"里的中国人来说,这是一个相当尴尬的信息。近代以来,学习西方的中国人总是会遭遇到一个困境,就是西方老师的教学大纲老是变,我们好不容易掌握的游戏规则很快过期,一个新的规则又来了,因此我们总是气喘吁吁地追赶。但是,如果中国坚持独立自主,坚持自己拉自己的"朋友圈",就可以对西方游戏规则的变迁泰然处之,因为无非就是"你打你的,我打我的"。达沃斯代表的新自由主义全球化对太多人产生排斥,最后甚至引起了欧美中下层的反弹。受到最新形势冲击的达沃斯"朋友圈"情绪处于低潮,应该会欢迎中国接过美国丢掉的全球化大旗,成为"达沃斯文化"的维护者。但是,中国的政治经济实践,真的适合塞进"达沃斯文化"这个框子里去吗?即便硬塞进去,在当下的时势之下,岂不正会成为反达沃斯的民意针对的现成靶子?

事实是,中国的发展路径,本来就比达沃斯代表的新自由主义路径更具包容性。正如前英国伦敦经济与商业政策署署长罗思义指出的那样,根据世界银行数据,在1981—2008年期间,中国对世界消除极度贫困的贡献率达100%。[②]在对外经济合作中,中国也非常强调互利共赢,甚至鼓励合作伙伴搭"便车""顺风车"。值得我们去做的,不是把自己硬塞到一个并不适合自己的位置上去,而是从理论上总结自己的道路,以自身的发展经验为基础,重新去塑造国际规则。但单个国家的力量是薄弱的,在此过程中,中国需要着力经营自己新的"朋友圈",打造发展中国家的合作平台,替被排斥的多数发出声音,将新自由主义的全球化,改造成一种更有包容性的全球化,将一个超级霸权主导的国际法体系,转变成一个更为平

[①] 关于"新商人法"的界定,参见〔德〕贡塔·托依布纳:《全款的布科维内:世界社会的法律多元主义》,高鸿钧译,载《清华法治论衡》(第10辑),清华大学出版社2008年版,第250页。

[②] 参见罗思义:《中国对世界减贫贡献率达100%》,载 at http://opinion.hexun.com/2013-10-24/159039080.html。

等的国际法体系。

在2017年1月17日习近平主席的达沃斯论坛演讲中,我们可以听到中国引导"达沃斯人"走一条更为公正的全球化道路的雄心:

> 我们要适应和引导好经济全球化,消解经济全球化的负面影响,让它更好惠及每个国家、每个民族。我们要主动作为、适度管理,让经济全球化的正面效应更多释放出来,实现经济全球化进程再平衡;我们要顺应大势、结合国情,正确选择融入经济全球化的路径和节奏;我们要讲求效率、注重公平,让不同国家、不同阶层、不同人群共享经济全球化的好处。①

至此,我们可以说,中国领导人已经就中国倡导的全球化道路,作出了抉择。这是一条不同于达沃斯"老路"的"新路"。中国围绕亚投行、"一带一路"倡议、金砖国家等方面所展开的实践,正在向世人展示新的"全球化"路径。在重塑"全球化"路径的奋斗中,我们需要经常回到亨廷顿的论述,体会这位深谋远虑的西方既得利益保守者的运思方式,从而更好地展开改造不公正的国际秩序的斗争。

---

① 参见习近平2017达沃斯演讲全文,载 http://language.chinadaily.com.cn/2017-01/18/content_27987480.htm。

法学悦读

英国法治的"偶像破坏者"
——读《司法治国：英格兰法庭的政治史（1154—1701）》

叶开儒*

一、国家建设视野中的英国：神话与现实

"我们生活在一个'国家建设'（state-building）的伟大时代。"①随着"二战"后西方殖民体系的瓦解，一大批"后发性"的被殖民国家都走向了民族—国家的建设之路。然而，正如托马斯·埃特曼所言："这些新生的国家都面临政治专制和腐败肆虐，分裂主义往往对中央权威构成了持续不断的挑战。"②换句话说，在这个进程中，国家自身追求一体化和中央集权的努力与地方的私人化、封建化常常面临着持久而紧张的冲突；而一个成功的国家，按照塞缪尔·亨廷顿的说法，乃能够建构"政治上的共同体和有效能的、有权威的、合法的政府"，从而在一个"理性化"的轨道上将现代国家运转起来。

遗憾的是，我们可以看到，亨廷顿对20世纪50年代和60年代亚非拉世界政治的描述依旧延续至今。除了一部分国家已经成功走上"现代国家"建设之路以外，在许多国家，政治秩序下降、政府的权威性和有效性丧失、地方分离主义引发内战等景象依旧广泛存在。用亨廷顿的话说，

---

* 北京大学法学院2015级法律史硕士研究生。
① 〔美〕托马斯·埃特曼：《利维坦的诞生：中世纪及现代早期欧洲的国家与政权建设》，郭台辉译，上海人民出版社2010年版，导论，第1页。
② 同上注，第1页。

"笼罩在这里的景象,不是政治的发展,而是它的衰朽"。① 历史总是惊人的相似,从西罗马帝国崩溃到千禧年转折之间,欧洲经历了漫长的"黑暗时代"。在这一时期,"社会的失序与混乱、封建化浪潮的到来与地方势力的增长"②,导致了政治体的碎片化以及地方治理的极度混乱,战争、暴力和杀戮使得普通民众常常处在霍布斯意义上的"自然状态"。因此,如何获得秩序和安全已经成为当时社会民众普遍的诉求,这也直接促成了12世纪欧洲历史的转折——国家重建的时代来临了。当然,不同的国家有着不同的经历,一边是绝对主义式的拉丁欧洲和日耳曼,另一边是宪政主义式的英国、斯堪的纳维亚、波兰、匈牙利。③ 同时,并非每个国家都获得了成功。这两种模式的成功代表分别是法国和英国,其中,又以英国的宪政模式更为受追捧。这一方面是由于其强悍的"硬实力"——国家整合和民族—国家建构的成功,以及"日不落帝国"的威名;另一方面,诸如《大宪章》、普通法、"不流血的光荣革命"等"软实力",也使得英国别具魅力。由此,"英国模式是什么?""英国何以成功?"等一直是经久不衰的研究问题。

然而,任何成功的国家都有成功的神话,正如任何成功人士的传记都不免增添一丝"神奇"的色彩,关于英国历史的叙述往往也不免落入循环论证"奇迹如何发生"的窠臼。这种辉格党的叙述方式往往是以"当下"作为准绳和参照来研究"过去"④,用一双"有色眼镜"将纷繁复杂的历史细节化为单线条的"概说",从而造就了尼采式的"纪念碑历史"。不过,"概说"本身并非历史学家的工作,这种叙述虽可以让人得到阅读上的愉悦,但由于其没有回到真正的历史情境,遮蔽了过多的历史细节,从而导致历史故事的过分戏剧化。⑤ 而历史给予我们最伟大的教益在于,它告诉我们人类变迁是复杂的,任何选择和特定行为的结果都是难以预测的,所以

---

① 〔美〕塞缪尔·亨廷顿:《变化社会中的政治秩序》,王冠华、刘为等译,上海世纪出版集团2011年版,第3页。

② 于明:《司法治国:英格兰法庭的政治史(1154—1701)》,法律出版社2015年版,第36页。以下引用该书均在正文括号中标出页码。

③ 参见〔美〕托马斯·埃特曼:《利维坦的诞生:中世纪及现代早期欧洲的国家与政权建设》,郭台辉译,上海人民出版社2010年版,第20页。

④ 参见〔英〕赫伯特·巴特菲尔德:《历史的辉格解释》,张岳明、刘北成译,商务印书馆2012年版,第10页。

⑤ 同上注,第23页。

这样的教益只能从具体的历史研究中获得。① 因此,如何挖掘英国"国家建设"的成功经验,需要的不仅仅是"神话",而是更多是看似"神话"的、偶然而丰富的历史情境中的细节。在笔者看来,于明博士《司法治国》一书所做的努力,恰恰深刻地展示了英国法律的历史变迁的复杂性和非必然性。在这幅丰富而精细的历史画卷中,我们或许更能体会英国成功的偶然与必然。

二、"司法"如何"治国"?

让我们先回到书的内容本身。近代西欧民族国家的"国家建设"一般是从政府/官僚、军事、财政以及司法四个维度展开的,这也是传统历史社会学研究的基本进路。与之不同的是,《司法治国》一书本身是一部法律史著作,它将目光聚焦在司法这一领域,正如本书所说,这里的"司法"是狭义的,仅仅指"以审判为中心的法院和法官活动的总和"(第1页)。从"司法"角度研究近代民族国家的"国家建设",并不仅仅是作者的兴趣使然,而且还是因为在12世纪的西欧各国的国家治理中,"我们首先看到的是一些与解决纠纷有关的王室司法活动,尤其是在英、法等国,一批驻扎在首都或巡回于地方的被称作'王室高等法庭'的司法机构开始兴起"(第41页),而这当中最为典型的莫过于本书所关注的英格兰。对于这一现象的出现,作者并不满足于一般的"法律意识形态制约"②的解读,在他看来,这是因为中世纪的治理能力不足,导致了司法这种"消极治理手段"成为了一种更为"节省"的选择(第53页)。这种解释可以从查尔斯·蒂利的论述中得以印证,在蒂利看来,西欧各国"国家能力"的提高很大程度上源于西欧各国之间大规模的"战争"③,而这已经是16世纪以后的事了。

那么,"司法"如何"治国"呢?作者延续了马克斯·韦伯的基本问题和思路,即国家治理的理性化,首先必须超越统治者个人人身的束缚,进

---

① 参见〔英〕赫伯特·巴特菲尔德:《历史的辉格解释》,张岳明、刘北成译,商务印书馆2012年版,第16页。

② "中世纪的法律观念在实际上构成了对于现代'立法观念'的否定,而只为法律的解释和适用留下了空间",参见于明:《司法治国:英格兰法庭的政治史(1154—1701)》,法律出版社2015年版,第49页。

③ 参见〔美〕查尔斯·蒂利:《强制、资本与欧洲国家(公元990—1992年)》,魏洪钟译,上海人民出版社2012年版。

而转向更为常规和普遍的"官僚制统治"。① 因而作者认为,中世纪国家治理的困境往往是由国王人身无法时刻"在场"所引发的,由此,如何实现国家治理的"跨地方化"(空间)和"超人身化"(时间),将是统治者需要面临的治理难题。而英格兰统治者的"司法治国",也是按照这两个维度展开的。

首先来看司法如何实现国家治理的"跨地方化"。"跨地方化"治理的尝试在当时的英格兰乃至中世纪都面临着"成本"与"风险"的两难困境,即"如何在维持低成本地扩展中央权力的同时,防止地方权力中心的产生?"(第105页)在英格兰,郡长制的消长很大程度上体现了这一困境。郡(Shire)是英格兰早期最为重要的地方管理体系,诺曼征服后,为了加强王室对于地方的控制,并遏制地方的反叛,诺曼征服者威廉任命自己的亲信担任各地郡长并主持郡法庭。尽管郡长的任命权由国王享有,然而由于郡长的收入依赖的是其本人的采邑收入而非职务薪水,因此它依旧存在着官职的世袭化甚至形成地方势力的可能。这一潜在的危险终于在威廉二世时期全面爆发,1088年诺曼底的罗伯特公爵发起了王位之争,许多身兼数郡郡长的诺曼贵族都参与到叛乱之中(第119页)。面对地方贵族对中央王权的威胁,诺曼国王开始了制约郡长的行动。这当中的主要措施包括重新控制人事任免、控制财政权等。然而,作者认为这些措施总体上还是无法遏制地方势力的膨胀,这是因为国家的财政能力根本无法给官僚提供稳定的薪水,因而地方官员始终无法摆脱对地方经济来源的依赖,地方的离心倾向将不可避免。由此,就需要一种全新的制度来加强王权对地方的控制,由中央王室官员主持的"巡回法庭"也就应运而生了。与之前的措施相比,巡回法庭的优势主要体现在以下几个方面:首先,作为王权代表的巡回法官,通过定期的司法审判,不断地宣示着王权的"在场",从而实现了对地方社会的直接控制和治理;其次,由于巡回法官的薪水更多来自于王室的供给,加上其对地方治理的短暂性,从而在很大程度上避免了"地方坐大"的风险;最后,不能忽视的是,巡回法官的流动性使得王室无需供养一支以科层制和官僚制为核心的现代官员,大大减少了中央对地方治理的成本,并有效地保留了"盎格鲁-撒克逊"的自治和自由传统。

---

① 〔德〕马克斯·韦伯:《支配社会学》,康乐、简惠美译,广西师范大学出版社2004年版。

当然,任何制度都不可能一劳永逸地解决社会治理的问题,英格兰治理术的成功,很大程度上恰恰在于其对时势变化所作出的灵活反应。正如该书第四章所提到的,总巡回法庭与郡长制结合的二元治理模式,从 14 世纪开始就面临着新的变化和挑战:一方面,总巡回法庭自身管辖权的膨胀所导致的治理低效,已经无法回应来自社会变迁所引发的诉讼洪流;另一方面,随着郡长制的衰落,以骑士为代表的新地方势力开始参与到地方的治理和审判,由他们所担任的治安法官也构成了王室与地方的"中介",有力地维持着中央集权与地方自治之间的平衡。由此,12 世纪总巡回法庭与郡长制结合的二元治理模式,到 14 世纪末,已被特殊巡回法庭与治安法官相配合的新二元治理模式所取代(第 153 页)。

司法治国的第二个维度是如何实现国家治理的"超人身化"。在这个问题上,作者的研究视野从地方回到中央,并将目光聚焦在"民事高等法庭"(Court of Common Pleas)和"王座法庭"(Court of King's Bench)上。进而,所谓司法治国的"超人身化",就是中央王室法庭如何完成对于国王"个人王权"的超越,并形成权力运行的"自主性"与"常规化"的过程。传统观点认为,"无论是民事高等法庭的形成,还是王座法庭的兴起,都是一个多世纪以来的职业化和专业化进程的一部分";它们与财政署等其他机构的诞生一样,都属于国家治理的常规化与例行化的历史转型(第 197 页)。换句话说,这一进程是国家面对日益纷繁和复杂的治理任务时的一种能动的反应,国家理性的生发在其中成为了关键的驱动力。然而,作者并不满足这一平面化的解释,他认为这一进程的推进总是伴随着国王试图重新强化控制的"反弹",也就是说,王权从来没有因此而"退场",相反正是王权不断地"出场"并与之碰撞,使得英格兰的国家治理在"自主"与"制约"中实现了某种平衡。由此,作者从"民事高等法庭"和"王座法庭"的历史出发,发现两者设立的初衷并不相同:前者的出现是对 12 世纪诉讼洪流和案件日趋复杂化的反应,它代表着司法治理例常化和专业化的努力;后者的出现则恰恰代表了国王对于这一趋势的抵制,是一种为了维持国王对于司法"个人化"控制的反向努力。因此,尽管两者最终都走向了"非个人化",然而实际上却代表了围绕"个人化"治理的两种趋势的竞争(第 194 页)。

三、直面历史的偶然性和复杂性

当然,正如苏力教授在该书的序言中所言,"这本书是一本法律史的学术著作,必须阅读后才能知道它的真正好处",因此,任何的概述本身只不过是在减损本书内容的丰富性。之所以如此,一方面,是因为作者扎实的史料功底①;另一方面,是因为该书很大程度上汲取了尼采、霍姆斯和福柯以来的知识考古学/谱系学的方法,并融合"语境论"的分析模式,从而在最大限度上将历史的偶然性、多元性和复杂性揭示出来。因而,如果你深入阅读本书,你会惊奇地发现,一些惯常的命题和说法,在本书多元的史料论证和谱系化的叙述中,变得有些似是而非。在笔者看来,这种对历史"偶然性"和"复杂性"予以重视的研究进路,恰恰为中国的英国法律史研究开辟了新的进路。

比方说,从亨利二世开启的安茹改革,一直是英国法律史研究的热点之一,传统的研究大多以梅特兰的观点为准,即亨利二世的改革目标在于中央集权,即王室权力对于封建领主权力的扩张;而实现目标的方式正是王室法庭与领主法庭的管辖权竞争。王室最终取得了胜利,这是因为王室的权威、诉讼令状的高效以及陪审团审判的理性,使得其在审判活动中具有压倒性的优势,因而原本属于领主法庭管辖的许多案件都转移到王室法庭,由此实现了王室对于封建领主权力的控制。② 根据这一观点,亨利二世改革的目标和性质都是明确的,即目标乃削弱领主权力,而性质乃是意图明确的司法改革。作者很显然并不满足于这种"直线"的叙事方式,在综合了密尔松以及比安卡兰纳的研究后,作者提出了自己的解读。在作者看来,安茹改革的目标并非削弱领主权力,而是在于解决斯蒂芬乱世以来社会失序的问题,也就是说,这是一场社会治理的"整风"运动,而并非为了中央集权的司法改革。鉴于中世纪的封建结构,国王想要实现对地方的有效治理,必然不可能让领主权力"完全退场",相反亨利的改革往往表现出对于领主权力的尊重。而且在英格兰,封建领主从来不是王

---

① 据统计,全书1100多个注释,中英文参考文献400余种,其中英文文献近200种。
② 这种观点可参见李红海:《普通法的历史解读——从梅特兰开始》,清华大学出版社2003年版;以及〔英〕范·卡内冈:《英国普通法的诞生》,李红海译,中国政法大学出版社2003年版,等等。

权一以贯之的"死对头",在诺曼与安茹的大部分时期,领主与国王之间往往保持着一种"合作共赢"的状态。正因为如此,作者运用福柯的"微观权力"理论指出,"强化王室权威"与"巩固领主权力"可能共存于改革者的"理想"之中,至于最终出现了中央集权的结果,也是这场改革的意外结果而已(第 100 页)。同时,基于谱系化叙事,作者发现这场改革并非一场意图明确、思路清晰的"顶层设计",而是基于社会现实和民众需求而不断调整措施的运动。

再比方说,关于英国司法独立的传统,我们国人熟悉的故事是这样的:17 世纪英国专制王权达到空前膨胀,以爱德华·柯克为代表的职业法律人共同体英勇抗争,最终与议会联盟,取得了法治和自由对专制和暴政的胜利,并于 1701 年通过《王位继承法》确立了法官终身制的基本原则,英格兰的司法独立也由此确立。这种叙事方式主要受到"宪政主义"与"职业主义"两种解释进路的影响。按照"宪政主义"的解读,英格兰的司法独立观念可以追溯到历史悠久的"古代宪制(Ancient Constitution)"传统,早在盎格鲁-撒克逊时代,"王在法下"以及"法律至上"的观念早就在那个时代埋下了"种子"。因而,英国的司法独立与古老的法治传统是一脉相承的,英司法独立的历史,只不过是从一个高峰迈向另一个高峰的神话叙事。若按照"职业主义"的解读,中世纪英格兰的司法之所以能取得相对独立,其原因在于 13 世纪以来司法职业阶层的兴起和"职业化"法官群体的形成,并伴之以"技艺理性"和"普通法心智"为核心的意识形态的出现。

很显然,这种叙事夹杂了太多神话和情感的因素,因而作者借助全新的材料和研究,对这一叙事发起了挑战。首先,在中世纪的英格兰,"王在法下"或"古代宪制"仅仅是众多政治话语中的一个,很难说其能够对法律人的行为选择构成约束。其次,仅仅依靠所谓法律职业阶层的意识,也并不能保证法律共同体的团结一致。此外,即便承认法官群体内部的分裂性,也不能用辉格党的"道德话语"将他们分为"好法官"和"坏法官"。于是,作者试图通过对"天主教阴谋案"的分析表明,在政治上极度分裂的斯图亚特时代,无论是法官和律师,都不可避免陷入"辉格"和"托利"的斗争当中。而影响他们作出最终政治选择的,绝不是其个人道德问题抑或职业素养高低等因素,而是其背后深刻的政治利益计算和权力角逐,在这点上,即便是被称为"英雄"的柯克大法官也不能除外。

然而，这些丰富的历史细节和过程在当代流行的辉格党叙事中被淹没了，甚至在中国主流的英国法律史研究中，我们听到的故事更多是辉格党式的。这一方面，是由于中国法律本身作为"西学东渐"的舶来品，即便中国继受的是罗马法系，然其正当性和合法性依然可以追根溯源到英国普通法这一"楷模"；另一方面，由于英美几百年来国力的强势，作为软实力的宪制和法律也往往成为他国学习的对象。更为重要的是，中国作为一个经历过数次革命和传统断裂的国家，往往对政治平稳过渡和传统得以延续的英国有着仰慕之情。在这种情形下，英国经验也从"特殊"上升为"普遍"，似乎成为放之四海而皆准的真理；反映在英国法律史研究上，那就是研究者过多受情感所驱动，其热情往往来源于把对当代某些事物的狂热移情到过去——这种狂热的对象也许是民主、法治或自由传统，从而只展现出其历史光辉和普世的面相。但真正的对历史的热情，应该是因为过去的缘故而热爱过去，而不是"为了当下而研究过去"。[①] 正是对过去本身的热爱和尊重，使得于明能够清晰地为我们展示过去历史情境中的复杂性和特殊性，由此我们可以看到，英国宪制和法律的成功，是多方力量互动和长期冲突的共同作用的结果，而这一结果恰恰体现了这种互动所必需的制衡、妥协、曲折和调整。历史在他的笔下，似乎变得偶然、卑微和游移。这项将历史还原到语境、将神话"祛魅"为现实、将普世原则变为特殊经验的研究工作，不仅对我们重新认识英国和我们自身具有重要意义，而且这也是对历史和真理本身的尊重。

四、外国法律史研究中的理论自觉

更为重要的，也许是该书为国内法律史的研究展现了一幅新的图景。以往在国内的外国法律史研究中，大多数作品始终无法摆脱"述而不论"抑或过于"概念化""体系化"的问题，而对法律、制度本身的历史丰富性和复杂性缺乏足够的关注，理论的自觉和展示也较少。举例而言，程汉大教授的《英国法制史》和《英国司法制度史》可谓是国内英国法律史的拓荒之作，在一定时间内，这两本著作确实为国内学界打开了一扇了解英国法制

[①] 〔英〕赫伯特·巴特菲尔德：《历史的辉格解释》，张岳明、刘北成译，商务印书馆2012年版，第57页。

史的明窗,然而这两本著作更多意义上做的是一个概述性的工作,且由于时间跨度巨大,难以对具体的问题展开细致的分析①;李红海教授的《普通法的历史解读——从梅特兰开始》,是国内第一本较为系统研究梅特兰法律史的作品,该书从介绍梅特兰的生平和学术生涯开始,评述了他的巨著《爱德华一世以前的英国法律史》,这种从法学的视角历史地探讨了普通法早期的发展的进路,在国内并不多见。② 不过,这本书更多的是从梅特兰的问题视角来观察普通法的发展,无形中陷入了英国自身的历史叙述之中,因而在对待普通法司法的问题上,或多或少地存在一些简单化的倾向;近年来泮伟江博士的《一个普通法的故事》,代表着中国法学新生代的一次智识登场,在公共知识界甚至产生了更广泛的影响力。但这本书他并不过分关注英格兰历史中的偶然性因素(虽然这本书也承认这些因素在历史中确实发挥了"极为重要"的作用),而是要探讨英格兰历史之展开的"结构化逻辑",在泮伟江看来,"当英格兰历史发展到某个阶段与程度,则英格兰的政治和社会就会形成某种稳定的结构,此种稳定结构会逐渐发展出某种自主性的逻辑……一旦英格兰社会形成此种自主的结构与逻辑,则既有的那种偶然性主导的历史叙事的范式就可以被打破"。③ 很显然,这种叙述更多的是情感层面的表达,因为即便是承认稳定结构的存在,它的形成和发展依旧离不开诸多偶然性因素的影响。不过可以理解的是,正如作者所言,这是一部"思想札记"而非专门的学术专著,作者试图创建一套普遍性的话语叙事也无可厚非。

相比而言,我们会发现,《司法治国》为国内的外国法律史研究提供了一种方法论意义上的新示范,即摆脱那种仅仅向外国寻求药方的"邯郸学步"的路径,基于中国本土的理论需求和经验传统,重新讲述一个关于外国法律史的精彩故事。正如作者自己所言,"之所以选择英国,并不只是因为资料获取的相对便利,或是作者本人的语言与先期投入……以司法为中心的英国法律史……有可能作为一只经典的'麻雀',成为我们理解司法与政治治理之间复杂关系的切入口"(第6页)。显然在作者眼里,英

---

① 参见程汉大主编:《英国法制史》,齐鲁书社2001年版;程汉大、李培峰:《英国司法制度史》,清华大学出版社2007年版。
② 参见李红海:《普通法的历史解读——从梅特兰开始》,清华大学出版社2003年版。
③ 泮伟江:《一个普通法的故事:英格兰政体的奥秘》,广西师范大学出版社2015年版,第5页。

国仅仅是一个经典案例,而不再是一个在神殿中被万众信仰的神。通过这种"解剖麻雀"的方法,我们可以清晰地看到,英国法律发展中话语与实践的融合与背离,英国法律的"神话"在何种意义上、通过何种方式被建构起来,这套话语又如何服务于它的实践,从而铸造了英国法律的辉煌。在这个意义上,法律史不应仅仅成为一种经验性的社会科学,而应旨在辨析出一系列的变量,然后运用历史作为一种实验,以证明其中某一个或两个变量造成了具体的效果。进一步说,能用一种微观视角来观察外国法的大历史,更能揭示出"英国法律神话"生成上的偶然性和在现实运转中的复杂性,这种一定程度上"破坏偶像"的做法,往往可能使我们更清晰地面对我们司法改革中的问题和困难,更冷静乃至更审慎地应对改革的挑战。

从更形而上的哲学的角度来说,这里涉及普遍性与特殊性的辩证关系问题。进入21世纪以来,中国文化、思想、意识形态领域已日益成为全球化时代世界性历史冲突和价值冲突的前沿与核心地带。中国走什么样的路,创造出什么样的生活世界和意义世界,带来什么样的可能性和希望,也越来越显出作为世界历史上前所未有的伟大实验的深刻意义。① 在这个意义上,中国这个"特殊"的存在,就不仅仅是特殊的,而是普遍的。中国的历史文化和传统,以及20世纪以来的革命实践,具有其独特的世界历史的意义。这就要求我们不能仅仅将西方的话语看做是普世神话,而应该看到其在世界文明史中特殊性的一面(尽管它在很长时间段内,都是以普遍性的面向出现的,而且也确实在当时代表着历史未来的前进方向)。因而,"特殊"而非"普遍"地理解英国法律史,将更有助于我们吸收其内在的经验与传统,从而为我们重构自我的话语和历史提供宝贵资源。为此,中国的外国法律史研究者所需要的往往是那么一点"理论自信"和"理论自觉"。

五、司法治国的意义何在?

不过,仅仅是知识和方法上的创新,并不能囊括该书的学术贡献。在笔者看来,于明博士在书中所展现的几个问题视野,值得后续的法学研究

---

① 参见张旭东:《文化政治与中国道路》,上海人民出版社2015年版。

者予以重视。

  首先,如何看待司法在国家治理中的功能?对于这个问题,之前的学者已经有过比较好的研究。比如说,苏力教授把"送法下乡"看做是国家在基层治理中建立或强化其自身权威的一种司法治理术[①];又比如说,强世功教授把"法治"看做是国家在特定历史条件下由于政治目标的转变而导致的治理方式转型的产物,正是通过法治的方式,国家权力从赤裸裸的公开剥夺和宣示变成了隐蔽柔弱的权力[②],等等。不过,这些研究凸显的是一种强势版本的司法治理,即司法不再是一种消极的治理模式,而是趋向积极能动的、受国家权力过多支配的治理术。而《司法治国》一书则让我们将注意力回到了"司法"这一治理术本身——"司法的自发性"恰恰是其区别于其他治理方式的显著特点之一,而这一特点又在英国普通法中尤为明显。在书中,作者为我们描绘了新近侵占令状从"行政令状"到"刑事令状"再到"民事司法令状"的演进轨迹,而每一次转变都是为了适应社会治理出现的新挑战。在这一过程中,我们可以看到,司法以一种更为自然、渐进的方式适应并推动着社会的发展和国家治理的有序化。之所以能达到这种效果,是因为在英国中世纪的司法治理中,普通法呈现出一种"司法中心主义"的特点。司法中心主义意味着"无救济则无权利",只有在权利义务关系的平衡被打破时,法律才出面干预、救济,在这个意义上说,法律不是在创造权利,而只是认可权利而已;法院也不是被动地执行来自主权者的命令,而是谨慎地去适应社会变化所带来的权利义务关系的变化。这种蕴含着英国经验主义的治理模式,对于中国今天仍然具有启示意义:一方面,它启发我们在法律移植过程中,应重视本土社会的内在需求和实践效果;另一方面,在全球化以及"一带一路"战略的大背景下,中国"走出去"后将越来越多地应对全球治理以及规则多元主义的问题——不同国家和地区的地方习惯和法律法规在冲突和对抗中如何实现有效的利益平衡?如何突破单一主权的"民族—国家"视野,进而探究一种容纳多民族、多文明的"帝国治理"?如何在传统和未来、东方与西方、

---

  ① 参见苏力:《送法下乡——中国基层司法制度研究》(修订版),北京大学出版社 2011 年版。
  ② 参见强世功:《惩罚与法治——当代法治的兴起(1976—1981)》,法律出版社 2009 年版。

文明与文明之间汲取和归纳出一种更为行之有效的"普通法"?① 要解决这些问题,显然仅依靠以立法为主导的司法模式并不足够,或许还需要在立法之外确立另外一种与之并列的"司法中心"的治理模式。在这方面,英国中世纪以及后来的帝国治理实践,无疑为我们的问题思考提供了巨大的理论和实践空间。

其次,《司法治国》在司法研究中重新纳入了国家理论,尤其是主权的视野。一个重要的问题是:1701年原则的建立真的意味着法院与法官的胜利吗?这究竟是议会对于国王的胜利还是法院和法官对于国王的胜利?对于这个问题的回答,就必须回应国家主权的"归属"问题。因而,柯克法官和詹姆士一世的争论,就不能仅仅被解释为司法技艺理性、法治对王权的斗争,其争论的实质是主权归属的问题。② 进入17世纪,传统的"王在议会中"的平衡逐渐被打破,国王和议会都开始主张主权所有,国王与议会的主权之争成为17世纪英国政治斗争的主题。而1688年光荣革命的结果,正是君主立宪制的初步确立以及"议会主权"的兴起。"议会主权"的确立,虽然意味着"君主主权"的失败,但同时也意味着"法律主权"或"普通法"主权的落空。因而,光荣革命的司法意义,仅仅是法院从对于国王的依附转向对于作为新主权者的议会的依附(第300页),而这种"议会至上"的体制也一直延续至今。

主权视野的回归,对于我们思考中国司法体制的变革依旧具有重要意义,这当中最为迫切的是如何正确理解"司法独立"的问题。中国宪法学者对司法独立的理解大多是以美国宪制为原型的,但正如作者指出,美国宪制更多是对中世纪英格兰传统的延续,它一方面体现在对"立法主权"的拒斥和对"人民主权"的推崇,这实际上是模糊了主权归属的做法;另一方面,美国的三权分立结构更接近于中世纪英格兰的"混合政体",即任何机构都不独享立法、行政和司法中的任何一种权力(第314页)。而在中国,我们可以清晰地看到,主权的归属在于中国共产党领导下的中国

---

① 根据英国的经验,"普通法"的形成很大程度归因于"巡回法庭"和"陪审团"两项制度。王室法官在巡回法庭审判时,通过陪审团了解地方习惯法,并在回到威斯敏斯特中央王室法庭后,对这些习惯法进行甄别、筛选、加工以及取长补短,逐步形成了一套为全国所共同认可的普遍规则,即普通法。参见〔英〕范·卡内冈:《英国普通法的诞生》,李红海译,中国政法大学出版社2003年版,第三章。

② 参见〔美〕塞缪尔·亨廷顿:《变化社会中的政治秩序》,王冠华、刘为等译,上海世纪出版集团2011年版,第85—86页。

人民,中国宪定的主权代表机关是全国人大,这意味着在这一宪制下,主权的行使机关是唯一的,而法院的权力也必然在全国人大之下,其独立也只能是相对于行政机关等同一权力级别的机构的独立。由此,倘若简单移植美国版本的司法独立,就意味着从根本上否定我国目前的宪制,这显然是不符合中国的历史和革命实践的。而真正有效的法律移植,也许应该摒弃教条的束缚,禁住"模型"和"神话"的诱惑,更多的从中国的经验事实去理解司法本身。仅仅引入新的学说和外国的成功实践,没有对其进行"语境化"的理解,并不足以改变中国司法研究和实践的现状。

六、余　论

当然,该书的论证在若干方面都还可以进一步地延伸和加强。首先,书中提到,"议会主权"的确立,虽然意味着"君主主权"的失败,但同时也意味着"法律主权"或"普通法"主权的落空(第299页)。那么,这一"落空"具体是体现在哪些方面呢？换句话说,在这场议会与国王的斗争中,对于法院和法官而言,他们到底失去了什么？又得到了什么？进一步引申的问题是,法院和法官从都铎宪制到"议会主权"宪制,其权力发生了哪些变化？这对于18世纪以后的英国法律和宪制发展产生了哪些影响？与此同时,中世纪"普通法至上"的主张(即要求将国王和议会都置于法律主权之下)提出的背景是什么？它与英格兰"司法治国"的目标之间是否存在某些联系？其权力的限度又在哪里？

其次,作者在结语中比较了英国和美国两种版本的司法治国:前者是消极版本的,而后者是积极版本的,作者以隐微的笔调阐述了前一版本对于现代的司法治国的重要意义。然而,这种对比未免过于简单仓促,从而隐藏了这一命题背后丰富的政治性和历史性:为何20世纪后美国司法的政治功能会从消极走向积极？为何在司法治国的当代复兴中,积极版本的司法治国会占据优势的地位？进而,一个隐而未发的问题是,当代中国有没有"司法治国"？若有的话,它是积极版本的还是消极版本的？抑或是中国式的？那么英国版本的司法治国从哪些方面对于当代中国的司法改革具有借鉴意义？而这些可借鉴的资源中,又有多少与普通法的司法模式相关？

最后,作者运用"谱系学"或"语境论",在一定层面上打破了英国法治的神话。然而经验告诉我们，推翻一个命题往往比建构一个命题简单得多，因为推翻一个命题只需要提出几个反例即可，但建构一个科学的命题却需要更为周全而审慎的理论论证。由此而言，该书在运用大量笔墨解构英国法治的神话时，却没有清晰地告诉我们，这个神话是如何被建构的。英国作为资本主义时代第一个"日不落帝国"，它的法治话语很好地服务于其帝国的扩张与治理，换句话说，话语与实践之间并不存在很大鸿沟，帝国实践的普遍性呼唤着一种新的必要的理论出现，这时英国的法治神话很好地完成了这项任务。因此，作为一个话语建构的成功个案，也许仅仅将其解构是不够的，需要更为全面的理解、批判乃至超越。

然而，上述三点丝毫无损于于明博士在这部作品中所取得的卓越成果。毫无疑问，《司法治国》是一部杰出的学术作品——立论大胆，逻辑清晰，在必要时有相当扎实的实证功夫。对于任何对英国历史或宪政史稍有兴趣的人来说，这部融合历史学、法学、社会学以及政治学的理论著作，都是一部必读的作品。

[于明：《司法治国：英格兰法庭的政治史(1154—1701)》，法律出版社2015年版。]

美国宪政的代际问题
——以"林肯六篇"为例

苏 心[*]

> 宪法是为具有根本不同观点的人所制定的。
> 每一种观点都想成为一部法律。
>
> ——霍姆斯(Holmes)[①]

霍姆斯大法官的这两句话道出了宪政的根本问题:人与人的观点如此不同——却又都想成为那个"普适的"——该如何生活在同一个共同体之内? 然而,所谓的"生活在一起",不仅指向地域的维度,还包含时间和历史的维度——每一代人,将经由什么,从而如何与自己的祖先和后辈相处?

代际问题的重要性从而显现。每一个"当下"都上承其历史与传统、下接其子孙和未来。代际交替,必须面对"继承"和"应变"这两个核心问题。在一个共同体中,每一代人都身处他们从上一代人那里继承的社会语境和格局之中——前人之法将成为"当代人"的传统,成为"当代人"理解现实、处理问题的最初依据和参照。但是,"祖宗成法"并不是万能的。在不断发展的历史长河中,时代新人一定会碰上前辈们未曾遭遇或预见的问题,也极可能在因缘际会下,重新触碰前辈们未能解决的问题——如何"应变",将成为"当代人"必须做出决断的问题。

美国宪政便是一个呈现代际问题的平台。美国宪法序言就已关照到这一问题:

---

[*] 重庆大学博雅学院 2013 级本科生。
[①] *Lochner v. New York*, 198 U.S. 76, (1905).

我们合众国人民,为建立一个更完善的联邦,树立正义,确保国内安宁,提供共同防务,促进公共福利,并保障我们自己及后代得享自由之恩赐,特为美利坚合众国制定本宪法。①(《美利坚合众国宪法》)

　　任何国家共同体都有趋向"完善"的愿望——对美国而言,就是"建立一个更完善的联邦",并保障"我们自己及后代得享自由之恩赐"。这一进步性的愿景,是我们思考代际问题的前提。在此基础上,作为"历史生成的规范"的"宪政",与作为"现时政治的磋商"的"民主"之间的关系,亦即代际的继承和应变问题,将得到更深刻的理解和更宽容的阐述。

　　作为矛盾关系的一端,"宪政"面对的最大问题,恰恰在于它"反当下"。对每一代的政治活动者而言,"被选举"意味着继承既定的政治格局,而不当的民主变革则可能意味着违宪。因此,在政治实践中,需要时刻铭记两件事情:第一,不要总想着讨论一些前人已经确立下来的根本问题,因为它们太重要了(比如联邦主权高于州权),得保持不变;第二,不要总把"宪政"看成一种约束,其实,作为既定的"游戏规则",它反而是民主政治得以可能的前提与基础。后世的政治参与者,需要在宪法构建的框架(framework)之中,推动民主进程,从而追求更完善、更自由的生活秩序。②

　　本文将在美国的早期宪政史内,探讨美国宪政实践对代际问题的处理——核心文本是林肯的六篇演说(下文简称"林肯六篇")。③作为第三代政治家的代表④,林肯总统在自己的演说中,重新解释了第一代国家建

---

①　王希:《原则与妥协——美国宪法的精神与实践》,北京大学出版社2014年版,第799页。

②　参见田雷:《美国宪政:先定承诺与历史叙事》,载《读书》2014年第4期;田雷:《宪法穿越时间,为什么?如何可能?——来自美国的经验》,载《中外法学》2015年第2期。

③　"林肯六篇"由田雷副教授选译,依次为:《我们的政治制度永世长存》,1838年1月27日;《林肯总统的第一次就职演说》,1861年3月4日;《林肯总统致国会特别会议的咨文(选译)》,1861年7月4日;《林肯总统致国会的年度咨文(选译)》,1862年12月1日;《在葛底斯堡国家烈士公墓落成典礼上的演说》,1863年11月19日;《林肯总统第二次就职演说》,1865年3月4日。参见〔美〕詹姆斯·麦克弗森:《林肯传》,田雷译,中国政法大学出版社2016年版,附录部分。

④　除了"建国—重建"的两阶叙事,美国早期宪政史还可以按照"第一代—第二代—第三代"的三代叙事结构来讲述。其中,第一代国家构建者,即"亲历1776年革命、1787年制宪并且在1812年战争前主宰国家政治舞台的国父们"——他们是"建国者";第三代国家构建者,则基本对应"建国—重建"两阶叙事中的"国之子"。至于第二代国家构建者,他们则是"出生于1770或1780年代并在1810或1820年代登上国家政治舞台的政治家",下文将要提及的安德鲁·杰克逊和约翰·卡尔霍恩,就是其中的代表。需要注意的是,"三代叙事"的结构提出了"第二代宪法"这一理论问题,简而言之,即在美国早期宪政史上,关注并呈现第二代国家构建者的"守法道路"。参见田雷:《第二代宪法问题——如何讲述美国早期宪政史》,载《环球法律评论》2014年第6期。

构者制定的宪法,并与第二代国家建构者展开了交锋。最终,他通过一场内战解决了联邦党人制宪"建国"的不完全性,也即解决了美国早期宪政的两个根本问题:奴隶制问题和联邦性质的定义问题。同时,经由对这两个问题的阐述,林肯将自己应对代际问题的智慧蕴于这短短六篇演说之中。

先定承诺与民主进程

"在时间性的维度内,宪法规范就是共同体在历史上经由政治斗争、妥协和决断所形成的'先定承诺'(pre-commitment)。"① 对于共同体中的每一代人而言,他们首先继承的就是"先定承诺"。作为宪政核心精神的"先定承诺",一定是"反当下"的,"它要以共同体在过去所形成的共识规范去限定当代人的决策范围"。② 先定承诺的限定,实则提醒着每一代人,在推动民主进程、展开宪法在现时语境中的"应变"之时,需慎之再慎——因为宪法是建立、管理与维系一个共同体的根本规范。

不可否认先定承诺有其局限性。古人早已暗示过,"完美的立法者与完美的法,都是找不到的"。③ 现实政治中的立法者,只能是有限的人——而非全知全能的神。因此,一定还存在立法者无法预见的问题,以及"当时当刻"无法解决的问题。对美国建国的这批国父而言,他们就无法在奴隶制问题和联邦性质问题上,达成明确的共识。不过,为了确立一套根本规范以摆脱原始的"自然状态",他们必须选择妥协——在宪法语言上进行模糊处理,制造大量"留白"以待后人磋商。未能享受建国荣耀的后人,从而有了解释宪法、维持共同体存续的永久任务——这也是最初的制宪者对子孙后代最大的期许和担忧所在。

"民主进程"正是完善先定承诺的手段,它要求每代人通过和平磋商

---

① 田雷:《美国宪政:先定承诺与历史叙事》,载《读书》2014年第4期;田雷:《宪法穿越时间:为什么?如何可能?——来自美国的经验》,载《中外法学》2015年第2期。
② 同上注。
③ 语出苏格拉底与克力同的对话。苏格拉底因"毒害青年"的罪名,被雅典民众投票判了死刑。执行死刑之前,克力同曾试图劝说苏氏逃跑以自保。为说服其放弃劝说自己逃跑,苏氏与克力同进行了一番对话。苏氏在对话中表明,完美的立法者与完美的法都不可能真的存在,因此不如选择遵从次好的法。参见〔古希腊〕柏拉图:《游叙弗伦 苏格拉底的申辩 克力同》,严群译,商务印书馆1999年版。

和投票等方法,解决前人未曾涉及、未能处理的问题。但是,在民主有明确进展之前,首先要做的仍然是守法——哪怕制度的缺陷已明确暴露,甚至有违共同体中部分人的道义观念。"守法在先"是先定承诺对每一代人的固有约束;"俟机而变"则是每一代人对自身价值与历史的书写和记录,亦是制宪者对后辈的期许所在。然而,"俟机而变"并不仅拘于正常的民主立法与司法解释活动,总有些在机缘之际产生的突变——它们冲破了一般的民主进程,成为了宪政史上的特殊案例。

林肯对奴隶制问题的处理,很好地展示了"先定承诺"与"民主进程"间的辩证法。从最初的"持守宪法"到后来的"激进解放",他的态度随内战的进行而发生着改变。

在第一次就职演说上,林肯明确说到,他"无意直接或间接地干预蓄奴州既存的奴隶制",同时承认"逃奴条款"的有效性。但是,执行问题被刻意淡化了,林肯认为"这并不是一种非常实质性的分歧"。在先定承诺的约束与道德判断的张力之下,他对引起美国南北部诸多摩擦的"逃奴条款",表现出一种温和而暧昧的态度:

> 联邦宪法内的逃奴条款,以及禁止对外奴隶贸易的法律,在一个人民的道德感并不完全支持法律本身的共同体内,均已得到了所能允许的良好执行。(《林肯总统的第一次就职演说》)

然而,此时的林肯显然更加强调先定承诺的约束力:

> 虽然我今天不会详细列举国会的哪些法案是应予执行的,但是我在此建议,对于所有人而言,无论是官员还是私人,更安全的做法都是要遵守并且服从所有尚未被废止的法律,而不是先去违反法律,接下来寄望相关法律会被判定违宪而因此脱罪。(《林肯总统的第一次就职演说》)

哪怕奴隶制和"逃奴条款"在当时已是充满争议性的法律规范,且在"人人生而平等"的建国价值而言,存在明显的道德缺陷,林肯仍然要求人们遵守先定承诺,首先"服从所有尚未被废止的法律"。这种尊重先定承诺的保守态度,直至内战爆发初期,都并未改变。内战爆发后不久林肯曾说道:

> 有些正直的公民可能会想到,假若在这场叛乱被平定之后,联邦

政府将对南方各州采取何种路线政策,未免他们会因此心生不安,本总统认为在此可以指出,到了那时,他的目标也将一如既往地为联邦宪法和法律所引导;关于联邦政府根据宪法所具有的权力和义务,以及州权和人民的权利,他的理解很可能同他在就职演说中所表达的并无不同。(《林肯总统致国会特别会议的咨文》)

可见,林肯此时仍然肯定宪法条文对奴隶制的保护。综合上述两篇演说的言论,我们会发现,奴隶制及与其相关的利益冲突问题,并非美国南北战争的根本起因。因为无论是内战爆发之前还是内战初期,林肯的演讲都出于对先定承诺的遵守,承认并保护着奴隶制。

奴隶制的存废问题——不论战争的结果如何——都尚有商榷的余地。实际上,内战的原初目的并非为了废除奴隶制,而是为了抵抗南部州分裂联邦。在内战即将结束时,林肯总结道:

> 其中一方宁可挑起战争,也不愿让国家继续生存下去;而另一方则宁可应战,也不愿让国家灭亡。于是,战争来了。(《林肯总统第二次就职演说》)

然而,在战争来临之前,"所有人都设法避免一场内战"。显然,林肯也曾寄希望于和平沟通的方式,缓和、解决南北方之间的利益冲突与观念差异,从而避免战争。因此,内战初期林肯对奴隶制的守成态度,或许也部分源于规避战争的愿望。

> 用黑人领袖弗雷德里克·道格拉斯的话来说,内战开始的时候,南部之所以要打仗"是为了要把奴隶制带出联邦之外",而北部打仗"则是为了将奴隶制限制在联邦之内";南部想使奴隶制摆脱联邦宪法的约束,而北部则想继续用宪法来约束奴隶制;南部希望通过内战打出一种对奴隶制无限制发展的"新的保证",而北部则是力图确保"旧的保证"的有效性;双方都"讨厌黑人",双方都"欺辱黑人",双方都并不想要解放黑人。①(《原则与妥协》)

至于"解放黑奴"这一内战的最终结果,可以归因于偶然与必然的共

---

① 王希:《原则与妥协——美国宪法的精神与实践》,北京大学出版社 2014 年版,第 244 页。

同作用。"林肯和共和党人解放黑奴的动机是复杂的"①,就内战而言,"解放黑奴"在军事策略上的意义,先于其在道德层面上的意义。这一由上而下发布、实施的政令,冲破了一般的民主进程,相对于"先定承诺"而言,非常激进。

当然,哪怕只是作为内战的结果而非起因,黑奴的解放仍是一大进步。制宪的不完全与妥协性在此得到了完善:

> 在赋予奴隶以自由的时候,我们也保障了自由人的自由——无论是我们所赋予的,还是我们所保全的,都是同样光荣的。我们要么就将高尚地拯救,要么就会卑贱地失去,人世间这最后最美好的希望。(《林肯总统致国会的年度咨文》)

黑奴的解放终于使得《独立宣言》声称的"人人生而平等,造物者赋予他们若干不可剥夺的权利,其中包括生命权、自由权和追求幸福的权利",成了较为切实的话语。奴隶制的废除,标志着对美国宪法中"我们人民"这一主体的重新定义——这一制宪遗留问题,终于被第三代政治家们彻底解决。但是,战争对人民而言,始终是惨痛与悲伤的回忆;同时,尽管林肯用一纸文书解放了黑奴,但这些重获了自由的人们,在争取真正平等的道路上,尚有很长一段路要走。

州权主义与国家主义

除了奴隶制问题,内战的爆发同样揭示了"州权主义"与"国家主义"之间的斗争问题。相对于奴隶制问题,这一路线斗争在美国早期宪政史上占有更重要的地位。如前文所述,内战的原初目的并非为了废除奴隶制,而是为了抵抗南部州分裂联邦——后者的根源,正是两种路线的斗争。

1860年11月,被共和党所提名的林肯成功当选总统。不过,此时离他就职尚有四个月的距离。在林肯等待上任期间,南部政治势力出于利益考量,决定"先下手为强",展开"退出联邦"的行动。林肯上任前,共有七个州相继宣布退出联邦,并宣布组成"美利坚邦联"。这一分裂行动的

---

① 王希:《原则与妥协——美国宪法的精神与实践》,北京大学出版社2014年版,第254页。

理论基础,就是"州权主义"的理论传统。

回到1832—1833年南卡罗来纳州的关税危机,将有助于我们理解南部州展开分裂联邦行动的理论基础。在这一危机中,时任总统杰克逊与副总统卡尔霍恩,就联邦与州的关系问题,持根本性的、完全对立的态度。尽管杰克逊注重保护州权、秉持着"重州权主义联邦制原则",但他同样认为"联邦是一个政治契约实体",因而谴责南卡罗来纳州抵制联邦《关税法》的行为。可是,卡尔霍恩却坚持一种更加激进的"州权主义"立场。1831年10月,他就此事发表了"福特小丘演讲",全面而系统地阐述了其"州权联邦制"学说。简而言之,此学说认为,人民主权以州为单位,"中央政府不过是各主权州的代理人,而州并没有将主权交与联邦政府";当州与联邦政府就州的根本利益发生冲突时,可以实行"州权否决权",且"如果某州提出的宣布联邦法无效的要求没有得到其他州的支持,而该州人民又坚持认为本州的权利遭到了联邦法律的侵犯,该州就有权退出联邦"。①

卡尔霍恩的理论充满破坏力,它全盘否定了宪法至高无上的联邦理论。面对这种不利于联邦统一和团结的说辞,杰克逊和林肯的回应颇为相似——他们都选择回到宪法原旨的解释,强调联邦作为政治契约实体的约束力,并宣布"没有任何州有权退出联邦"。林肯的详细逻辑如下:

> 我认为,从普遍法则和联邦宪法来推演,各州组成的共同体是永续的。在所有国家政府的根本法中,永续性若是没有得到明文表达,也必定是隐含于其中的……从上述普遍原则出发,我们可以得出如下结论,联邦共同体在法律意义上是永续的,而联邦共同体自身的历史也确证了前述的法律结论。共同体的历史要远早于联邦宪法……若是仅一个州或一部分州就可以合法地破坏联邦共同体,那么这共同体就失去了关键的永续性要素,因此变得比制宪之前更不完美。从上述观点可以得出结论,任何州都不得单凭自己单方的动议即合法地退出联邦共同体——而任何为此而通过的决议和法令都没有法律效力;在任何一州或多个州的辖区内,对抗合众国当局权威的暴力行径,都可以根据具体情况被视为是叛乱或革命。(《林肯总统的第

---

① 王希:《原则与妥协——美国宪法的精神与实践》,北京大学出版社2014年版,第182—186页。

一次就职演说》)

通过对宪法原旨的解释,林肯在理论上证明"任何州不得随意退出联邦"。更值得关注的是,他同时申明,南方州的行为可能会被视为"叛乱"(根据具体情况)。

此外,在回应州权主义时,杰克逊与林肯都强调了他们各自的"代际身份",即表明他们只是历史长河中的一代人:

> (杰克逊)呼吁,宪法的重要性在于维系联邦,只有对宪法抱有"明智的理解",甚至在"地方利益"和"个人怨恨"上作出牺牲,才可能"使宪法不受腐蚀地传给我们的后代"。①

杰克逊要求"当代人"做出自我调适,在那些存在差异的方面进行妥协和牺牲,从而保全国家共同体的完整,让宪法延续并"不受腐蚀地传给后代"——这正是先定承诺对于每一代人的约束。林肯则说道:

> 我们国家的内乱并不是根源于我们永远存在的部分;不是根源于我们居住的这块土地;不是根源于我们民族的家园……我们的这场冲突是关于我们自己的——关于正活在当下的这代人的;当这代人离开历史舞台后,这场冲突就将会永远地平息下去,而不会造成骚动。(《林肯总统致国会的年度咨文》)

林肯所意指的,国家内乱的根源在于人与人之间(代际之间及每代人内部)拥有不同的观点。国家主义与州权主义之间的博弈,是"建国—重建"这段历史中最根本的、关乎共同体之合法性与正当性的、特有的斗争。第一代人建国立宪,只建立了一个关于联邦主权的并不牢靠的、尚待解释与确证的"先定承诺"。因此,随后的两代人在两条路线中反复摇摆,直到通过内战而"定于一"。两条路线关于联邦主权的根本性斗争,的确只存于国父们之后,这特定的一两代人之中。

战争是惨痛的,但战士的鲜血与最终的胜利,解决了国父们遗留的两个大问题,保存了宪法的权威、联邦的完整与美国的统一,并"把美国变成了一个真正具有统一主权、统一(政治)制度、统一宪政原则、统一意识形

---

① 王希:《原则与妥协——美国宪法的精神与实践》,北京大学出版社 2014 年版,第 185 页。

态的国家"。① 内战的胜利以及随后通过的宪法第十三、十四条修正案，标志着"国家主义"在漫长建国时期中的最终胜利，而以卡尔霍恩为代表的"州权主义"学说则走向了衰落。

历史叙事与公民宗教

在这场内战中，林肯还提出了一个更深层的问题：

> 一个立宪共和国，一个民有并且民治的民主政府，是否有能力抵抗它的内部敌人，从而维持其领土的完整。(《林肯总统致国会特别会议的咨文》)

不同于制宪国父们遗留的、亟待解决的现实问题，林肯这里的发问是政治哲学层面的。柏拉图的《理想国》就曾表现出类似的担忧：对一个完美城邦而言，"内讧"是最大的危险。那么，如何规避这一危险呢？苏格拉底提出"高贵的谎言"一说，来保证城邦的稳定运行：

> 我先试图说服统治者和战士，然后是城邦的其他人，我们对他们的抚养和教育就像梦一样；他们以为一直在经历那些事情，实际上，他们在地下的时候就得到塑造和抚养，他们的武器和工具也在那里打制。当工作全部完成时，他们的母亲大地把他们送到地面上。现在，脚下所站立的大地是母亲和护士，他们必须做好准备，如果有人攻击就为之而战，他们必须照顾同样出生于大地的其他公民兄弟……(《理想国》,414d—415a)

这段引文，是苏氏讲述的两个谎言之一。他认为，倘若以这样的故事说服了邦民，他们就会彼此照顾，并更加关心和热爱城邦。

其实，苏氏提出的"高贵的谎言"，就是美国宪政历史叙事的前身。田雷副教授对此作了三点归纳：第一，宪政的历史叙事是围绕着建国者展开的；第二，历史叙事本身就是一种文化建构，锻造于政治斗争；第三，历史叙事的本质在于连续性。② 而与"高贵的谎言"目的相同，历史叙事的意

---

① 王希：《原则与妥协——美国宪法的精神与实践》，北京大学出版社2014年版，第256页。

② 参见田雷：《美国宪政：先定承诺与历史叙事》，载《读书》2014年第4期；田雷：《宪法穿越时间：为什么？如何可能？——来自美国的经验》，载《中外法学》2015年第2期。

图,在于使宪政确立的"先定承诺"在当下得到认同和热爱,使法律成为美国人民的"政治宗教(political religion)"。

林肯对此自有一番深刻的认识与巧妙的运用,并且,在历史叙事中,他往往表现出对"遗忘"二字的警惕。这在他的"葛底斯堡演说"以及"对伊利诺伊州斯普林菲尔德青年学会的演讲"中,体现得十分明显。

> 八十七年之前,在这块大陆之上,我们的父辈创建了一个新国家,它孕育于自由之中,奉行人人生而平等的原则。现在,我们正投身于一场伟大的内战,我们要用这场战争来检验,我们的国家以及任何孕育于自由并奉行平等原则的国家,是否可能长久存在下去……那些勇士们曾在这里做过的事,却永不会为世人所遗忘。应当说,我们这些还活着的人应在此处献出自身,继续那些曾在这里战斗过的勇士们所光荣推进的事业——迄今为止尚未最终成功……(《在葛底斯堡国家烈士公墓落成典礼上的演说》)

在演说的开头,林肯直接追溯"八十七年"之前的"独立"历史,然后便话锋一转,谈及内战——历史与当下的连续性立即被构建了起来。进而,林肯强调烈士们的事迹将永远被记住,并鼓励其他的公民继续献身于"光荣的事业"。这篇演说,可谓将历史叙事用于政治动员的典范之作。

29岁时,林肯曾在伊利诺伊州斯普林菲尔德青年学会,作了一场名为"我们的政治制度永世长存"的演讲。这场演讲阐释了林肯对于"民主政治如何长存"问题的见解与思考。就防御政治制度内部的危险而言,林肯说道:

> 让每个美国人,每个自由的热爱者,每一个子孙后代的祝福者,都以革命的鲜血起誓,绝不丝毫违反国家的法律,也绝不容许他人违反法律……简言之,让法律成为这个民族的政治宗教;让男女老少、富人穷人、各种语言、肤色和阶层的人们在法律的祭坛上献身,永不停息。(《我们的政治制度永世长存》)

林肯要求公民明确认同和热爱法律,而不是简单地同意(或是默认同意)。原因何在?"更重要的是,林肯在论述公民为什么要守法时所依据的是一种旗帜鲜明的历史叙事,而不是功利主义的趋利避害或自由主义的同意论。"① 二者的原因都在于林肯意识到了人的"遗忘"本性;并发现,倘若想要维持共同体长存不敝,就一定得解决历史将会被人们所遗忘的危险倾向。因为,遗忘的本性将使每代成员对共同体的认同,随代际交替而不断降低。

　　由此产生的结果就是,在每一个家庭内,革命斗争的场景都在丈夫、父亲、儿子或兄弟的身体上写下了一部活生生的历史——这样的一部历史,在残缺的肢体中,在战斗受伤留下的疤痕中,在革命场景本身中,都承载着其真实性的无可置疑的证据——这样的一部历史,也可以为我们所有人同样阅读和理解,无论他是聪明还是愚蒙,是博学多才还是目不识丁。但是,这些历史都已经俱往矣。它们再也无法被阅读了。它们曾是一座坚固的堡垒;但是,入侵的敌人永远无法将它摧毁,无声的时光却做到了,将这堡垒的四壁夷为平地。(《我们的政治制度永世长存》)

　　为美国建国提供了理论贡献的思想家洛克,以"同意与默认"的表述指涉了上述认同问题。洛克将"同意"又分为"明确同意"和"默认",并提出:"惟有明白同意加入任何社会才使任何人成为该社会的正式成员、该政府的臣民,这是不容怀疑的。"②但是,如果一个人只是"默认"同意——"服从一个国家的法律,在法律之下安静地生活和享受权利和保护,并不足以使一个人成为那个社会的成员。"③那么,就代际问题而言,如果新生于这个共同体中的人,都只是"默认"这个国家的法律,那么在建立政府的第一代人全部死去之后,这个国家共同体,岂不就没有公民了? 当然,这只是思想实验中的极端情况。但不可否认的是,随着时间的推移,生活在共同体中的人们对该共同体的认同感会逐代减弱。"明确认同"的缺失,对共同体的保存与发展而言,将是极为不利的。

　　林肯诉诸人的"理性"以解决这一问题。他要重新培养出一种冷静的认同和热爱,以替代鲜活的历史与逝去的激情:

　　　　理性——冷静的、审慎的、不动感情的理性——必须为我们未来

---

① 田雷:《宪法穿越时间:为什么? 如何可能? ——来自美国的经验》,载《中外法学》2015年第2期。
② 〔英〕洛克:《政府论(下篇)》,叶启芳、瞿菊农译,商务印书馆1964年版,第74页。
③ 同上注,第75页。

的支持和保卫提供全部的材料。让我们将这些理性的材料塑造为普遍的智慧、健全的道德、特别是化为一种对宪法和法律的尊重……
(《我们的政治制度永世长存》)

通过宗教式的宣传、说服与教育,公民的历史感、对宪法的信仰与对联邦的热爱,将从激情中升华而出。最终,人民群众的普遍理性与集体选择,将成为"我们的政治制度永世长存"的坚实保障。

(王希:《原则与妥协——美国宪法的精神与实践》,北京大学出版社2014年版;〔美〕詹姆斯·麦克弗森:《林肯传》,田雷译,中国政法大学出版社2016年版。)

法治中国的共和维度

——读《法治的中国道路》

张　强*

> 它就是城邦,是人们无拘无束的自由行为和活生生的语言的空间,它让生命充满华彩。①

——汉娜·阿伦特

一、问题的引入

中国法治怎么了? 凌斌教授在其《法治的中国道路》(以下简称《道路》)一书中诊断出"孝公难题",即"法令以当时力之者,名旦,欲使天下之吏民,皆明知而用之、如一而无私,奈何?"——立法之后如何建立法治成为一个贯通古今、融汇中西的法治命题。② 凌斌提出了实现法治的两条路径:第一条路径是中国古代和现代西方奉行的由专职法律人士垄断和掌握法律的"专职法治",奉行"法治的职权主义";另一条路径是当代中国独有的"民本法治",追求以普通官员和一般公众能够直接理解和掌握的方式制定、执行和解释法律,贯彻"法治的群众路线"。唯有将两种途径结合起来,才能实现中国的法治,并为世界法治事业提供一条崭新的道路。(第5—26页)

---

* 北京大学法学院2014级法学理论博士研究生。

① 〔美〕汉娜·阿伦特:《论革命》,陈周旺译,译林出版社2011年版,第264页。

② 参见凌斌:《法治的中国道路》,北京大学出版社2013年版,第2页。以下引用该书均在正文括号中标出页码。

二、平等对话:关于《道路》的讨论

针对《道路》一书,邵六益博士认为,凌斌对中国法治的诊断仅仅出自时间维度和法律社会学维度,而忽视了政治维度。他从历史的角度分析指出,凌斌的思考最大的问题是没有看到无论是专职法治还是民本法治,背后的根本推动力量都是政治:在秦国表现为秦孝公控制贵族、富国强兵的意志;在当代中国则表现为执政党为了在短时间内建立市场经济、迈向世界而引入新的规则体系,即专职法律。实施法治的群众路线是为了调动一切资源和积极因素来推行新制度,这种资源既包括物质资源,也包括政权的正当性。①

凌斌在其回应性文章《法治道路、政党政治与群众路线:一个回应》中指出,"并不是所有维度都要显露出来","批评《道路》没有重点论述政党政治对法治道路的影响是对的,但是批评本书缺少政治维度,忽略了党的法治影响则是有欠公允的"。"就现代政治而言,最为典型的两种政治类型,一是科层政治,二是群众政治。《道路》避免了政治化的语言,但是指出的正是这两种政治在当代中国法治进程中的矛盾、冲突、拉锯、妥协。"中国法治道路在专职法治与民本法治之间不断摇摆,就是这两种政治之间的博弈过程。中国的这种"混合政治"在法律领域就变现为"法民关系",要处理好"法民关系"②,就要坚持党的领导和群众路线的统一。这是实现中国法治的道路,也是当前司法改革的道路。③

吴义龙博士则从"变法"和"常法"入手,指出中国的法治道路实现的是"变法之治",而非"常法之治"。他认为,中国的法治是以西方已经成熟的、成体系的静态法律为学习对象的,这种法治模式突出的特点是法律人自治,即凌斌所说的"专职法律"。但是中国的法治建设不是法律人内部的事业,而是全社会的事业:首先中国法治建立在一个动态和变革的社

---

① 参见邵六益:《法治的时间维度和空间维度——评凌斌教授〈法治的中国道路〉》,载《政治与法律评论》第五辑,法律出版社 2014 年版,第 223—224 页。
② 在《道路》一书中并未正式提出"法民关系",关于"法民关系",参见凌斌:《从法民关系思考中国法治》,载《法学研究》2012 年第 6 期;凌斌:《当代中国法治实践中的"法民关系"》,载《中国社会科学》2013 年第 1 期。
③ 参见凌斌:《法治道路、政党政治与群众路线——一个回应》,载《政治与法律评论》第五辑,法律出版社 2014 年版,第 245—264 页。

会;其次,中国法治要实现的不是法律体系的自足和法律职业的自治,而是增进社会福利和推动社会发展;最后,中国法治建设还要同时建立起现代民族国家。这是一种动态的"变法之治",需要法律职业群体和社会大众的参与,西方静态的法治理念是不可行的。吴义龙充分肯定了凌斌教授从法民关系入手,探索中国自己的法治之道的努力。①

通过阅读《道路》与六益博士、义龙老师的书评和凌斌老师的回应,深受启发,同时产生了一个疑问——三位学者在论述中都采取了某种程度上的"二元论":凌斌重点描述了"专职法治"与"民本法治"之间的矛盾、纠结与磨合(第78—179页);邵六益则从党与人民关系这一政治维度来思考问题;吴义龙则从动态的"变法之治"和静态的"常法之治"来思考中国法治问题。

在回答这三个问题的过程中,本文发现一种法治的共和维度,要协调法律人与普通群众、党与人民群众、动态法与静态法之间的关系,必须回到我们的国家名称之上:"中华人民共和国"。本文认为,中国建设法治社会要实现的目的不只是"法律的统治"和"法律被信仰",也不仅仅要"与世界接轨",而是为了实现人民的"共和"。换句话说,法治是通向人民共和的一条道路;反过来说,法治的实现也应当是共和的结果。

三、共和:如何调和法治中国的二元论?

如前所述,当前在法治中国的讨论中,最突出的问题是"二元分裂"问题:专职法律人与普通群众、党与人民群众、变法与法治。这种对立牢固地占领着我们的思维,但是本文发现,这种对立在很大程度上是概念和思维上的对立,进而影响现实的制度,最终反映到器物上。因而,首要的问题是澄清这三对概念,而这一协调工具就是"共和"。

1. 专职法律人之法与群众之法

凌斌在描述实现法治的两条路径之时,具体展现了专职法律人和作为法律外行的普通官员与民众之间的对立、斗争与磨合(第19—24页)。那么这种区分到底有什么意义,是现实的意义还是理论的意义?

---

① 参见吴义龙:《法治的另一种可能?——读〈法治的中国道路〉》,载《政治与法律评论》第五辑,法律出版社2014年版,第265—289页。

可以看到，社会上确实有一群人被称为"法律人"，甚至形成了"法律人共同体"，他们包括法官、律师、法学家、法律学者和其他法律从业者等。但是按照凌斌的区分，专职法律人和"普通官员与民众"是区分开来的，那么这个区分的标准是什么呢？

第一，是法律人掌握的法律条文很多吗？这个很难说得通，例如，有些电视综艺节目上会出现很多"神童"的表演，他们大多五六岁，但是记忆力惊人，可以背到 π 的第 N 位，如果请他们背法条，相信他们比大多数法学院的学生和老师都背得多，但很难说他们是法律人。另外就是在法律诊所接待的法律咨询者们，他们在与之案件相关的法律条文上"颇有造诣"，他们也算不上是法律人。

第二，是法律人懂得法律理念，如公正和正义，或知道法治国理念吗？这个更难说得通。首先，不同职业法律人的理念是不一样的：法官要遵守的理念是中立、客观和被动；律师要在法定的范围内为委托人服务；检察官要坚持对犯罪嫌疑人的"进攻"态势；法学家和法律学者的法律理念也因自己的研究方向不同而不同。[①] 其次，法律人共同的大约是"无救济则无权利""法律必须被信仰，否则形同虚设"这些基本理念，但这是普通人的常识，即使不太清楚，被告知一下就能够理解，并不需要专门学习和训练。最后，理念并不是那么重要，人们最看重的还是一个人做了什么，我们看到，法律人的行为并不是全部符合法律的，"老虎"和"苍蝇"之中很多是曾经的"法律人"。

第三，法律人的思维方式不同于普通民众？苏力指出，法律人根本没有什么独特的思维方式，所谓的"法律人的思维"起初是为了推进法治建设而提出的意识形态口号，现在最多是从事法律职业的人出于职业垄断的工具。[②]

可见，很难找到真正区分"专职法律人"与"普通群众"的标准，有的话也是要在具体的情境之下：例如，凌斌在法院研究、法律社会学和法律经济学上是"法律人"，却很可能在国际法领域、刑法领域成为"普通群众"，需要去请教李鸣老师和陈兴良老师。那么凌斌的"专职法律人"和"普通官员与民众"这一区分是在什么样的基础上呢？凌斌自己的解释是，这两

---

① 参见苏力：《法律人思维？》，载《北大法律评论》第 14 卷第 2 辑，北京大学出版社 2013 年版，第 442—446 页。

② 同上注，第 460—469 页。

条法治道路都是"理想类型",是研究的必要前提,因而和现实有很多差距也是在所难免的(序言:第7页)。这是肯定的,但是这种理想型毕竟是和真实的事实有所差距,同时如果在思维中过于强调理想型,在社会实践中不免会"理想化",即使不是显意识的,也很可能是潜意识的。

本文认为,专职法律人和普通群众之间的区分还是有的,但是出现这种分化主要不是因为"知识"和"智识"上的不同,而是社会自然分工与国家权力安排所导致的,这种分工要从群体的角度来看待,而非个人。从事法律职业的人们制定着法律、实施着法律、服从或违反着法律、提供各种法律服务,从而影响到未从事法律职业的"普通官员与大众"。但是这与其他的职业,如医生,有什么本质的区别吗?从事医生职业的人们学习医术、实践医术、治病救人,提供各种医疗服务,从而影响到非从事医学的"普通大众"。法律和医术本质上是一种技艺,不是理念,是要治病的,不同的是医生只会救人,只不过法律不止能够救人,还能治国平天下。

但是这种区分主要是功能上的区分,不能说从医者掌握了医术,就和病人是对立的关系。医患纠纷产生的原因很多,最根本的是人与人之间的关系问题。专职的法律人和普通群众之间的对立,也主要是因为"人心"的问题,但这种人心不是主观的,它是建立在历史、社会、制度上的"客观的"人心,即在社会转型期间,在现代民族国家构建和民族复兴期间,在实现法治的过程中,如何保持人心的稳定与互信。这不是仅仅依靠权力能够解决的,不是专职法律人能够解决的,也不是物质利益能够解决的,而是需要"感情",在此基础上产生认同:不仅要认同法律人,还要认同法律人所从事的法治事业,更要认同整个国家和政治共同体——这里不仅是"法律人的城邦"[①],而是"法律人与非法律人共同的城邦"。

在强调"专职法治"和"民本法治"这两个理想概念之际,很容易忘掉中国是"共和国",不是"专职国"和"民主国",我们最终要建立的是"共和法治国",而这个共和的范围就在于"人民"二字。这就牵涉到党与人民群众的关系问题。

2. 执政党法治与群众法治

邵六益在对《道路》的评论中指出,凌斌关注中国法治的时间维度和

[①] 关于"法律人的城邦"的论述,参见强世功:《法律人的城邦》,上海三联书店2003年版。

法律社会学维度,但是忽视了政治维度,这是正确的。① 这种政治的维度,确实沟通了古今中西,因为古今中西的法治建设都依托着国家与政权,真正的社会自治是难以持久保障的。将政治理解成"执政党政治",如将群众路线看做革命胜利的"三大法宝",以及为了发动群众以便弥补国家能力资源不足从而推动国家现代化,抑或用来汲取政权正当性等,尽管其很有启发意义②,但是仍然有一些问题需要回答。

首先,邵六益所指出的政治维度,似乎过于"马基雅维利主义"了。本文完全同意,讨论中国法治必须引入中国共产党的因素,因为整个国家是党领导下建立的,决定建立社会主义法治国家的也是党,"法治中国"的议题也在十八届四中全会上由党提出。但是,中国共产党的合法性不仅是建立在历史上的革命与建国之上,也不仅是当下的富强、民主、文明、和谐上,最主要的是建立在其"先进性"上。"中国共产党是中国工人阶级的先锋队,同时是中国人民和中华民族的先锋队,是中国特色社会主义事业的领导核心,代表中国先进生产力的发展要求,代表中国先进文化的前进方向,代表中国最广大人民的根本利益。党的最高理想和最终目标是实现共产主义。"(《中国共产党章程》)这种先进性是指向未来的,是建立在德性基础上的。

其次,党在革命和建设中的群众路线,一方面是为了争取人民的支持,保障革命和建设的胜利;更重要的是由"中国工人阶级的有共产主义觉悟的先锋战士"③,即党员,来领导和教育主要是农民构成的大众。而共产主义社会是"这样一个联合体,在那里,每个人的自由发展是一切人的自由发展的条件"(《共产党宣言》)。要从必然王国进入自由王国。这里的自由王国并不是"自由至上""放任自由主义"的王国,而是要保证每个人自由全面的发展,做自己的主人,而非必然性的奴隶。这种自由王国,在下文中将指出,实质上是一个"共和王国"。

最后,法治建设的初衷不是巩固中国共产党的"合法性",在改革开放之前,执政党的合法性也是很强的。构建现代民族国家,也不是目的;发展社会主义现代化,更不是目的,充其量只不过是一个暂时的目标。真正

---

① 参见邵六益:《法治的时间维度和空间维度——评凌斌教授〈法治的中国道路〉》,载《政治与法律评论》第五辑,法律出版社 2014 年版,第 226 页。
② 同上注,第 237—244 页。
③ 同上注,第 277 页。

的目的是"解放生产力,发展生产力,消灭剥削,消除两极分化,最终达到共同富裕"①,从而证明社会主义的优越性,使社会主义从低级走向高级,为实现共产主义最高理想奠定基础。

因此,党群关系出现问题的实质就是人与人之间的关系出现了问题,一部分本应当承担更多责任、服务人民的党员,将自己从群众中"识别"开来,贴上"高贵"和"特权"的标签,从而成为群众的寄生者,甚至是敌人,即"人心"腐败了。但是这不能完全归咎于个人原因,这里有经济上的诱惑、政治结构的压力、人性中的贪婪、虚荣等因素。而且,这种堕落是人类社会普遍存在的。柏拉图在《理想国》中叙述了古希腊政体更迭背后的原因是人的堕落,从而设想一种"哲学王"的统治,来解决一切问题。②亚里士多德在《政治学》中提出"混合政体"学说来保证城邦的均衡与健康发展。③古罗马政治历史学家波利比乌斯则研究古罗马的共和政体,去寻找永不腐败的政体。④美国的国父们希望建立永不衰败的政治体制。⑤中国古代儒家先哲们期待"大同社会",帝王们期待"万万岁",民众们期待"天下太平"。但是直到现在,也没有一个永远持续的政体。政体腐败了,不是因为没有法治,而是因为构成政体的人腐败了。

因此,保持一个政体的永恒存在,靠的不是军事力量,也不是政治力量,更不是一个意识形态,而是人们去不断构建政体,不断创造新生。而这个新生的过程就是不断地参与政治生活,这就是共和的实质,"它就是城邦,是人们无拘无束的自由行为和活生生的语言的空间,它让生命充满华彩"。⑥

3. 变法之治与常法之治

吴义龙指出:中国的法治是以西方已经成熟的、成体系的静态法律为学习对象的,而中国的法治建设则是在建设现代国家这个使命下由政府推动,是一个从无到有、从上到下的动态过程,因此中国的法治必然与西

---

① 房弘毅:《邓小平南方谈话:在武昌、深圳、珠海、上海等地的谈话要点》,人民出版社2004年版,第3页。
② 参见〔古希腊〕柏拉图:《理想国》,张竹明译,译林出版社2012年版。
③ 参见〔古希腊〕亚里士多德:《政治学》,吴寿彭译,商务印书馆1997年版。
④ 参见〔古罗马〕波利比乌斯:《罗马帝国的崛起》,翁嘉声译,社会科学文献出版社2013年版。
⑤ 参见〔美〕汉密尔顿、〔美〕杰伊、〔美〕麦迪逊:《联邦党人文集》,程逢如、在汉、舒逊译,商务印书馆1980年版。
⑥ 〔美〕汉娜·阿伦特:《论革命》,陈周旺译,译林出版社2011年版,第264页。

方法治进程有所区别。① 凌斌从现代西方成熟的"专职法治"出发,从而指出"民本法治"是中国的特色,在一定程度上是"关公战秦琼"的问题,就像"商鞅战秋菊",虽然这两场战斗对目前的中国法治建设来说具有普遍性。(第 194—196 页)

如果从"共和国"的角度来看变法与法治,就会立即发现,他们不是对立的,法治中国的建立是变法的结果,也需要不断变法,"苟日新,日日新,又日新",这种维新不是法律职业人可以做到的,也不是某个民族能做到的,需要的是"中华人民共和国"中的"人民"的共同选择和推动。通过比较法的研究,我们发现,过去的西方也有一个变法的过程,其持续时间可能是上百年,甚至是上千年。而且这种变法不只是专职主义的,更是民本的。

在英国,普通法的形成经历了近九百年的历史,自从 1066 年诺曼征服之后,新的王朝就开始派遣王室官员下乡巡查,一方面统计人口、土地,收税;另一方面,在遇到地方纠纷时,进行仲裁。② 英国普通法形成过程最为重要的是亨利一世时期建立的巡回法院制度。这一制度在亨利二世时期迅速发展,王室法官通过巡回审判,形成一套王室法律体系,普通法因而被称为"法官之法"。但是这种法官法并不是王室法官任意创造的,王室法官首先是国王的官僚,代表国王治理地方,解决纠纷根据的往往是当地的习惯法和良心。创造普通法的过程也不是通过专职立法,而是在诉讼中,在处理诉讼双方利益过程中形成规则,这说明英国普通法的形成不是专职主义的,而是有着深刻的"群众基础"的。③ 其实这一时期,与王室法庭并存的还有教会法庭、郡法庭和领主法庭,它们也有自己的一套规则。普通法的形成虽然是王室法院争夺对地方的控制权,加强国家构建的结果,但是在博弈中也会吸收教会法、领主法的内容,而这些"地方性知识",很多又来自罗马法。④ 后来在贵族与国王的斗争中,英国形成了《大

---

① 参见吴义龙:《法治的另一种可能?——读〈法治的中国道路〉》,载《政治与法律评论》第五辑,法律出版社 2014 年版,第 265—289 页。
② 详见〔英〕卡内冈:《英国普通法的诞生》,李洪海译,中国政法大学出版社 2003 年版,第 1—36 页。
③ 参见〔英〕密尔松:《普通法的历史基础》,李显冬等译,大百科全书出版社 1999 年版,第 44—47 页。
④ 参见〔德〕K. 茨威格特、〔德〕H. 克茨:《比较法总论》,潘汉典等译,法律出版社 2003 年版,第 286—293 页。

宪章》，在资产阶级与国王的斗争中，出现了《权利法案》和《王位继承法》，同时确立了议会主权。自此，英国开始出现大量的成文法，这些成文法起初主要是对普通法的编纂，但是到了当代，随着福利国家和加入欧盟的需要，新的立法大量出现。① 当下英国的法律体系并不是完全自足的，它也在不断发展，而且主要以议会立法的形式出现；法律职业在普通法领域虽然是自足的，但是普通法以诉讼为基础，诉讼参与制度已经很成熟，民众与法之间的关系基本上很协调。但这恰恰说明了，"法民关系"在英国普通法形成过程中始终是一个重大课题，也曾经是十分棘手的问题，甚至演变成革命，现在的法民关系主要以代议制和诉讼参与实现。②

在美国，法律被民众重视和认同也是经历了两百多年的时间，甚至至今都没有完全认同。首先，美国的诞生本身就是因为"法民关系"出现问题：北美十三州的人们不愿意遵守英国议会颁布的维护英国本土利益的《海上贸易条例》《印花税条例》《汤森税法》等法律，北美人民为了反抗"恶法"，才揭竿而起，最终成立了一个国家。③ 其次，美国国父们在制宪会议上虽然制定了 1787 年《美国宪法》，但是这个宪法要处理的问题却是"法民关系"问题：即怎样用法律的手段，将美国所有人团结起来，形成一个社会契约，成为一个政治共同体——美利坚合众国。同时在 1787—1788 年期间，联邦党人们奔走各州进行"普法"宣传，最终使得宪法达到法定的批准州数，成为有效的《美国宪法》。④ 当美国宪法机制不当，就会产生法民关系的紧张，南北战争就是在最高法院宣布《密苏里协定》违宪，奴隶制合法的情形下出现的北方人民和南方奴隶的"集体违法"。⑤ 再次，美国的法律也不断回应着各个时代的主题，例如，南北战争结束到 20 世纪初的"进步主义"时代，要维持契约自由，治理政府腐败；经济危机时期，法律开

---

① 参见〔英〕埃辛·奥赫绪：《实践中的比较法：法院与立法者》，载〔英〕埃辛·奥赫绪、〔意〕戴维·奈尔肯编：《比较法新论》，马剑银、鲁楠等译，清华大学出版社 2012 年版，第 460—487 页。
② 参见〔德〕K.茨威格特、〔德〕H.克茨：《比较法总论》，潘汉典等译，法律出版社 2003 年版，第 305—323 页。
③ 参见李剑鸣：《英国的殖民地政策和北美独立运动的兴起》，载《历史研究》2002 年第 1 期。
④ 从《联邦党人文集》中，我们可以看到美国宪法被人们接受靠的是汉密尔顿等人的大力"普法"，参见〔美〕汉密尔顿、〔美〕杰伊、〔美〕麦迪逊：《联邦党人文集》，程逢如、在汉、舒逊译，商务印书馆 1980 年版。
⑤ 参见任东来、陈伟、白雪峰等：《美国宪政历程：影响美国的 25 个司法大案》，中国法制出版社 2013 年版，第 77—110 页。

始放弃自由放任态势,积极保障公民的"四大自由";民权运动时期,美国法律也回应着黑人、妇女、学生的诉求。① 最后,即使是现在,美国法也不是被完全遵循和信仰的,2011年的"占领华尔街"事件和2014年的"弗格森事件",都证明了美国虽然号称"法治"和"自由民主",但是"孝公难题"一直存在,而解决的方式也是专职主义和民本主义的结合,如果不能回应民意,则会造成社会的分裂、暴乱等。② 在中国则表现为群体性事件、上访等。

法国和德国作为大陆法系国家,是典型的"专职主义"法治国,也许更具有说服力。首先,法国大革命的爆发是因为法国民众在"改革"和"启蒙"的双重背景下不满社会不平等的现状,进而敌视"旧制度",从而爆发大革命。③ 而在大革命中坚定维护皇权的法官们在革命后甚至遭到清算,法官的地位曾经一度十分低下。其次,《法国民法典》的制定原则就是反映当时资产阶级民意的自由和平等原则、私有财产神圣不可侵犯原则和契约自由原则。并且拿破仑要求这部民法典要尽量通俗易懂,成为一部人人都读得懂的"平民法典"。④ 在德国,《德国民法典》的制定虽然主要出自法学家之手,但是它被遵守不是因为它出自"专职法律人"的思想,而是因为它是在经过法典编纂学派和历史法学派长期的辩论之后形成的,它的基础是德国早已通行的在罗马法基础上的德国"共同法"和日耳曼习惯法等。⑤ 虽然法律的语言艰涩难懂,但是法官们出自法学院的严格训练,并不需要当事人过多参与,再加上整个国家的经济和政治结构同质性极强,法民关系才不至于很紧张。可这仅仅是在德国民商法领域,这个领域是"纯粹法"的领域。德国纳粹时期的众多排犹法案,如1933年颁布的《恢复职业公务员法》《纽伦堡法》《识别犹太人标记》《尼克斯方案》《马达加斯加方案》等⑥,却使得"法民关系"出现重大危机,当然这里的

---

① 参见〔美〕埃里克·方纳:《美国自由的故事》,王希译,商务印书馆2002年版,第206—445页。
② 参见吴强:《从弗格森事件到香港:全球反叛政治的浪潮》,载《文化纵横》2014年12月号。
③ 参见〔法〕托克维尔:《旧制度与大革命》,冯棠译,商务印书馆1997年版。
④ 参见〔德〕K.茨威格特、〔德〕H.克茨:《比较法总论》,潘汉典等译,法律出版社2003年版,第118—149页。
⑤ 同上注,第204—219页。
⑥ 参见纪宗安、何新华:《纳粹德国排犹政策的演变及根源探究》,载《暨南学报(哲学社会科学版)》2003年第3期。

"民",主要指的是犹太人。因此,"二战"后,1949年通过的《德意志联邦共和国基本法》第1条开宗明义,规定"人之尊严不可侵犯,尊重及保护此项尊严为所有国家机关之义务"。① 最后,制定《法国民法典》和《德国民法典》本身也是要处理法民关系。因为,在这两部法典之前,两国的法律渊源十分复杂,彼此多有冲突,给人民的生活带来极大不便,民法典的制定可以统一法律条文、法律适用,使得民众有章可循。可见,法国和德国的法治也不是完全的"职权主义"的,也必须要处理法律与民众的关系。

从英、美、法、德四国法律的历史和现实来看,它们的法律和法治形成过程,亦是变法过程,法治国的建立必须要适应人民的需求,否则法律就会被规避、改变,甚至波及政权和政体。因此,可以发现,凌斌从"法民关系"的角度入手,找到中国法治难以建立的原因,并希望调和"专职法治"和"民本法治"这两条法治路径是可取的,也是被验证过的。这条道路是西方已经走过的,但是这并不意味着中国不具有特殊性,中国的法民关系如今更多地体现在司法上和行政上(第93—135页),尚未形成"战争""起义""革命""暴乱"等严重冲突,但是群体性事件的频发,却暴露了中国法民关系的问题。而解决这一问题的思路仍然要落在"共和"之上。

四、法治的共和之维:道路抑或目的?

凌斌提出的"法民关系"确实是建立法治国的一条必然要走的路径,但是如何处理"法民关系"?《道路》一书并未给出具体答案,只是指出中国法治问题的艰巨性,需要结合法治的职权主义和法治的群众路线,即实际上,在其成书之际,尚未明确提出"法民关系"。但是根据这一思路,解决法民关系的方式既不是"职权中心"的,也不是"民主中心"的,而是二者结合的:法律人践行群众路线,为人民服务。

这种路径与其说是"混合路径",或者"民主路径",不如说是共和路径,而且也仅仅是共和法治的一个基础层次。共和建立在"民主"的基础上,这里的民主并不是西方的以党争、投票和代议制等为特征的民主,而是"人民当家做主"。但是每个人都做主,就无法真正做主,于是要采取

---

① 《德意志联邦共和国基本法》,潘汉典译,载《法学译丛》(现《环球法律评论》)1981年第4期。

"民主集中制",要学会处理"人民内部矛盾",处理的方式则是"批评与自我批评""团结—批评—团结",而不是"表扬与自我表扬"和"批评—批评—批评"的西方民主和现实中国出现的脱离群众的问题。这里的"批评",并不带有攻击性,更多的是"评论"和"讨论",这是个"平等、自由、畅所欲言的平台",矛盾的解决靠的是"说话",先进的词就是"参与式民主""商谈伦理"或"协商政治"。这些旧词和新词,所指涉的就是"共和"。

1. 什么是共和？

共和可以从两个层面上来说,第一个层面的共和是一种政体,一种混合了君主制、贵族制和民主制的混合政体,其根本精神就是把领导决断、精英统治和大众民主混合起来。在亚里士多德看来,共和政体是可欲的最好的政体,因为它平衡了穷人与富人的关系,并由最优秀的人来治理,同时建立在法律之上。古罗马政治思想家波利比乌斯通过研究发现,君主制、贵族制、民主制都会走向衰败,陷入政体循环之中,最好的和最稳定的政体需要将三个成分适度结合起来。西塞罗在此基础上推崇以元老院为中心的规则共和制度,并将"分权、法治、公知选举与任期制视作该政体"的特征。文艺复兴时期,意大利出现了威尼斯、佛罗伦萨、热那亚等城市共和国。随后麦迪逊的大共和国理论,即通过联邦制、权力分立、代议制、有限政府等制度建立起美国的共和政体。[①] 而中华人民共和国的"共和",如前所述,是以民主集中制为基础的人民当家作主。

第二个层面的共和,是从政治哲学角度来看待共和。正如亚里士多德所言,"人类自然是趋向于城邦生活的动物"或"人类在本性上,也正是一个政治动物"[②],共和不仅是一种政体和制度,更是一种美好的生活方式,即参与政治共同体的生活,唯有如此,人的生活才有意义。本文也主要是从这个角度来看待共和。为什么政治生活如此重要？

首先,从政体稳定性上看,与共和制形成对比的是君主制和民主制,这两种制度都可能出现"暴政":一个是"专制的暴政",一个是"民主的暴政",在性质上都是不好的,而共和政体会考虑各阶层的政治参与性,因而各方诉求能够得到回应,各方利益能够得到协调。但这只是最低层次的理由,因为古典政治哲学从来不看重暂时的利益,而是看重德性和永恒。

---

① 参考李毅昕:《人的王国还是法律的王国》,西南政法大学硕士 2009 年硕士论文,第 7—17 页。

② 〔古希腊〕亚里士多德:《政治学》,吴寿彭译,商务印书馆 1997 年版,第 7 页。

其次,共和追求永恒性。自启蒙运动以来,西方世界进入"除魅"时代,"上帝死了"[①];在中国则是建立在"天地君亲师"基础上的儒教信仰土崩瓦解[②],随之而来的是放任的自由主义和虚无主义,它不仅消磨着人的斗志,也瓦解着人与人之间的纽带。而共和则强调人们对公共生活的参与,这种参与将私人生活与公共生活联系起来,"将有限的生命投入到无限的为人民服务之中",从而在公共生活中实现自己的意义。

最后,共和的人性基础是被"承认"的需求。弗拉西斯·福山在《历史的终结及最后之人》一书的序言中,以黑格尔的"承认学说"来证明西方自由民主制的正当性建立在人类区别于动物的"被承认"的需求。[③] 黑格尔在其《精神现象学》中论述,人与动物有着根本的区别,因为人对别人的欲望会有某种欲望、即人渴望得到别人的认可,即作为一个具有一定价值和尊严的人而被认可。这种寻求认可的欲求使得人类不惜冒着生命危险通过战斗争取名誉,而非食物、住所和安全。这场战斗的结果是人类社会分成主人和奴隶两个阶级。黑格尔认为,主人和奴隶之间的关系中的矛盾最终通过法国和美国式的革命得到解决,因为它们消灭了主人和奴隶之间的歧视性待遇,宣布每个人有与生俱来的尊严和人格,人们彼此之间须相互承认。这种人性的需求正是亚里士多德共和主义的基础。在这里,共和就是对公共事务的参与,参与政治不仅是为了保障政府对民众的负责,它自身便是目的,是做主人的一个标志。

本文中的共和主要是指第二层次上的共和,即不是指作为政治体制的共和制,而是强调公众参与的亚里士多德式共和主义。

2. 作为共和道路的法治

要理解中国法治,就要知道法治不仅仅是专职法律人的社会理想、执政党的政治决断和实现现代化的需要,最重要的是要真正建立起人民当家作主的共和国,使"国由民所有,国由民所享,国由民所用",使得被自然、社会、政治压迫的人民永远"站起来"。

法治如何通向共和?要从三个角度来理解:首先,法治是人民的愿望

---

① 〔美〕列奥·施特劳斯、〔美〕约瑟夫·克罗波西主编:《政治哲学史》,李天然等译,河北人民出版社1993年版,第993页。

② 详见李祥海:《"孝":中国人的安身立命之道》,载《学术月刊》2010年第4期。

③ 参见〔美〕弗朗西斯·福山:《历史的终结及最后之人》,黄胜强、许铭原译,中国社会科学出版社2003年版,第6—14页。

和意志,也是为了满足人民的需求;其次,共和不仅仅是一种理念和思想,更需要以制度来保证;最后,中国法治中的"孝公难题",也是因为追求共和而产生的。

从党史来看,实施依法治国似乎是执政党的决定,但是从上文的分析可以知道,党员也是群众的一员,党不是脱离人民进行决定的;同时法治也是为了实现人民的对安定秩序的愿望和需求。因此,法治出于人民并服务于人民。

人民当家做主意义上的共和,需要一系列稳定的制度来保障。中国是一个幅员辽阔、地形复杂、制度多元的多民族大国,要在这样一个大国建立起人民共和制度,即人民参与政治活动和参与政治共同体的构建,需要雄厚的经济基础、完善的政治基础和健全的社会基础。这三个基础的形成和保障,都需要稳定的法律和制度来保障。为了建立起经济基础,就需要以《宪法》的形式确立起市场经济制度、大批量移植西方已经成熟的与市场经济配套的法律和制度;为了建立政治基础,就要进行政治制度改革,"将权力关进制度的牢笼";为了建立社会基础,则通过《居民委员会组织法》《村民委员会组织法》等法律建立群众自治制度。

但是,结果往往和目的不尽一致,甚至人们可能在纠结实现目的过程中出现的问题之际,忘记了前行。解放了生产力,却陷入了新的枷锁中:拜金主义、虚无主义、精神荒漠、贫富分化、社会分裂、共同体隔阂。这些枷锁,将人们的心灵牢牢禁锢住,"有钱就是任性"成为新的拜物教。阿伦特在《论革命》之中指出,革命的目的如果仅仅在于解决社会问题,就不能算是成功的,要以自由立国,她心目中的自由更大程度上是公民对政治的参与和热诚,即共和生活。[①] 改革开放是中国的另一场革命,如果最终的结果是这样的新拜物教,而不是建立共和国,那这场革命就不能算是成功。

因此,法治的目标就不仅仅是为了限制国家权力和确立稳定的经济和社会秩序,而是要创造新的权力、完善旧的权力,当然这种权力不是科层机构的权力,而是人民的对政治的参与权。这种制度的完善,包括党内民主制度、政治协商制度和人民代表大会制度的完善,也包括听证制度、基层民主制度、上访制度、互联网舆论平台的完善。

---

① 参见〔美〕汉娜·阿伦特:《论革命》,陈周旺译,译林出版社 2011 年版,第 264 页。

因此,法治的"孝公难题"并不是那么严峻,中国人民恰恰需要通过实现法治道路来实现对公共生活的参与,去理解、改变现行的"专职法律"。即使实现了西方意义上的现代法治,世界依旧不平静,已经成型的法律仍然需要去不断改变从而适应新的情况。就像秦孝公的难题被商鞅和现代西方解决了,但是秦朝依旧二世而亡;德国魏玛时期法治状态良好,但也挡不住纳粹的上台;美国法治被奉为至宝,也阻止不了因种族、党争、贫富分化带来的社会分裂和"精神封闭"。[①] 并不是否认法律应当被"明知、用之、如一、无私"(第52—77页)和应当被相信和信仰,只是要指出人类的生活世界是丰富多彩的,法治要实现更高层次和更广范围的意义,即为人民提供一个"自由行为和活生生的语言的空间",让人们在和平和自由中创造人生意义。另外,法治是通向共和的道路,共和亦是实现法治的道路。

3. 作为法治道路的共和

在《法治道路、政党政治与群众路线——一个回应》一文中,凌斌指出,"秋菊不会离去,村长仍将困惑,中国法治仍将面对两条路线之间的张力和冲突"。[②] 这种张力和冲突,已经不仅仅在于秋菊心理上的困惑,近年来也发展成了愈演愈烈的群体性事件;甚至有些人民内部矛盾发展成了"敌我矛盾",如惨无人道的暴恐事件。如何让人民群众拥护现有的法律秩序,并信仰之?这是个问题。这需要用"共和"的维度来解释,同时也需要从共和的维度来解决。

为什么法治不被信仰?这本身就不是一个"中国问题",信仰法治脱胎于信仰上帝,而中国主流文化没有这样一个上帝,更多相信"关系",与其说信仰法律,不如说更信仰"关系"。在孟德斯鸠看来,没有必要将法律界定为一种具有超越性的神圣规则,在其《论法的精神》第一章中,将法律界定为rapport(关系),即存在于不同实体之间的关系,既然是关系,就是相互的,而不是绝对的。[③] 事实上,法律确实在处理着包罗万象的关系,国与国之间的关系、党与国的关系、公民之间的关系,说法律是关系并不

[①] 参见〔美〕艾伦·布鲁姆:《美国精神的封闭》,战旭英译,译林出版社2011年出版。书中指出美国青年和大学精神日益封闭,日益崇尚虚无主义,逐渐失去了道德和历史责任感。

[②] 凌斌:《法治道路、政党政治与群众路线——一个回应》,载《政治与法律评论》第五辑,法律出版社2014年版,第245—264页。

[③] 参见〔美〕汉娜·阿伦特:《论革命》,陈周旺译,译林出版社2011年版,第175页。

意味着人民就不会尊重和相信它。正像我们与自己父母、兄弟、爱人之间的关系一样,只要出自彼此的真心和挚诚,这种关系依然是值得相信,甚至是热爱的。

中国法律不被"秋菊们"接受,而被"法律人"热爱的原因,就在于同这些被称为"法律"的文本、理念、思想建立和维持关系的,主要是法律人,普通民众就像"第三者插足",是要承担很大的风险和压力的。但对一种关系的热爱,还是可以培养的,主要的手段就是当事人自己去参与、去体验。中国的专职法律之所以难以被民众理解和支持,就在于这种"关系"从来不是"自由恋爱"的结果,也不是经过"媒妁之言",更多的是"强迫婚姻":中国民众已经有了自己的爱人即"本土习惯",却被强迫离婚,又被强迫跟一个不认识的外国人结婚。这种不适应、规避、反抗,甚至"以死相逼",当然是很正常的。这样的结果和悲剧的出现,就在于中国的法治建设更多的采取了"专职主义"的维度、政治中的"权力维度",而忽视了作为"国名"的"共和维度"。西方法治之所以被信任,甚至被信仰,同样不全是因为对宗教信仰的"路径依赖",更多的是不同的西方国家,在上百年、甚至上千年的时间里经过万千难关,才与法律建立了深深的感情,如果非要在这份感情上加个期限,他们会说"我希望是一万年"。

这可以解释为什么同为"人民",法律人热爱法律,普通民众却敬而远之,因为这套专职法律体系的引入忽视了共和的维度。但是这并不意味着要将现存的法律全部推翻,这样的话就是"民主的暴政",而非共和。法律的生命在于经验、在于实施,陌生的法律条文在人们的诉讼中经过解释、博弈,最终形成了有生命力的"关系"。从这个角度理解司法领域的"法民关系",才能够真正说明其正当性。当然,仅仅是司法领域的"法民关系"并不够,在宪法领域、行政法领域、刑法领域等,缺少人民的参与,法律条文即使存在于人们的记忆里,也不会真正与人民建立真正的情义——感情与建立在感情基础上的互相维护的道义。

因此,法治的群众路线和法治的专职主义,需要用共和维度来调和,在实践中彼此融合、相爱,通过平等的语言和自由的交流,建立温情脉脉的关系。当所有人成为真正的法律人之际,共和国就成为了"法律人的城邦",成为真正的法治国。

五、法治中国：王国还是帝国？

共和维度上的法治中国，不仅是面向国内的，亦是面向国际的：法治中国是要建设成为一个"王国"，还是一个"帝国"？如果是王国的话，只需要将法治道路限定在国内，只要实现国内的富强、民主（共和）、文明、和谐等就足够了，但是无论从党的"最高理想"，还是从"有所作为"的对外政策，或者从中华民族对世界的责任来说，法治中国都很可能也很需要成为"帝国"。这里的"帝国"不是指侵略扩张意义上的帝国，而是指中国法治影响力扩散到世界，并探索一条世界法治共和国的道路。也许这种想法是异想天开，但是如果将法律理解成情义"关系"，而非某种具有绝对道德正当性的规则体系，那么这种关系的建立，任何国家和人都可以参与，也有希望缓步前进。

正是从"法治中国的共和维度"，才更能理解凌斌的志业："本书的最终目的，就是推动人们在理论上更为自觉地探索中国的法治之道，以期由此指引，在实践中找到一条真正有利于中国法制改革、经济发展和社会和谐的法治之路。"（第 25 页）

法治共和国——必然是无边大漠中的绿洲、茫茫大海中的自由孤岛、活生生的语言的空间——将是我们终将发现的珍宝。

（凌斌：《法治的中国道路》，北京大学出版社 2013 年出版。）

什么是他的贡献？
——评苏力的"学术批评"

桂 华*

一

我猜想,苏力老师在法学圈子中大概不会为其他同辈学人(地位上的)所普遍"喜欢"。因为他不仅是我所知的国内学界中直接进行学术批评最多的学者之一,而且他的很多具体研究观点也对法学界的某些"共识"构成挑战,这种"逮谁批谁"(不是所有人都有资格被批的)的行事方式需要真诚、勇气和学术能力。正如他本人意识到的,无论是偏"左"还是偏"右",以及"保守"或"激进"的朋友,都可能觉得苏力"靠不住",他多数时候并不按照其他人期待的方式观察、思考和选择。当法学界盛行中国法治建设与世界接轨的观点时,苏力提出法治"本土资源"的观点;当大众用日常道德标准议论某些社会现象"应该如何"时,苏力又强调法律的普遍性原则。苏力显得"不近人情",他有意"一直坚持一种批评的学术态度,坚持一种相对边缘化的学术立场"[1],既是源于他引入和倡导的一种与当时主流法学界不同研究范式的努力,也体现出他为入世的法学塑造出世的学术空间的志向。在思考方式上,苏力做到了如他所推崇的波斯纳一样,"务实得近于冷酷"。[2]

"什么是你的贡献？"是苏力对法学界的提问。从读者的角度看,这更像是他对自己的期许,因此可以回答别人对他的反问。那么,什么是他的

---

* 华中科技大学中国乡村治理研究中心博士生。
  [1] 苏力:《批评与自恋——读书与写作》,法律出版社 2004 年版,代序,第 3 页。
  [2] 苏力:《〈波斯纳文丛〉总序》,载《环球法律评论》2001 年冬季号。

贡献？在我看来，苏力不仅为学术界理解当前中国社会处境及法治状况贡献智识，而且他批评性的学术态度本身就构成对法学界的贡献。

苏力于20世纪90年代初留学归国，正赶上社会主义法治化的蓬勃发展时期，从国外移植法律的观点在法学界方兴未艾。苏力的学术批评要放在这个"语境"下被理解。针对当时"许多学者主张政府运用国家强制力尽快建立一个现代的法律体系"①的观点，苏力认为这种"变法"模式在实践中也许有意义，却存在理论上的重大缺陷，因为他们误会了"法律"，误认为"法治"仅通过国家强力就可以实现，而忽视"法律"的历史经验性与"法治"的实践性。因此，要说苏力的贡献，首先就是他引入了一种能够重新进行思考的"法"学视角，倡导一种抽身于法治实践并"从实践出发"（黄宗智语）的学术研究进路。

对"法律"的思考需抽身于法治实践，是因为当时（改革开放以来）法学研究的两种主导范式都具有较强的经世品格，因此而影响其学术的相对独立性。其中，第一种是苏力所说的"政法法学"，这是与我们当前一般理解不同的"广义法学"，它"运用了具有高度意识形态意味的法律话语批判极'左'的政治话语，讨论了法律和法治的一些核心概念，例如民主与法制，在这种政治意识形态话语中逐步论证法制或法治对于中国现代化建设的意义，竭力为法律和法学争夺一个更为自由开放的社会空间和学术空间"。②"政法法学"用政治语言谈论法学，不是按照一般法学内在的逻辑展开，它为法学发展提供了外部条件，却不能替代法学自身的发展需求，该范式随着法学独立地位的确立而衰退。第二种是具有技术性特征的"阐述、解释、注释"法条和法概念的"诠释法学"。一定意义上，"政法法学"必然导致"诠释法学"，因为若是用政治语言来说，"政法法学"实际是借用西方资产阶级法学批判社会主义"极'左'"的政治话语，这就决定了法学发展路径内在性西化的倾向。在"政法法学"营造的空间下，"诠释法学"理论成果的实践转化过程，也具有了明显的"法条主义"和"法律移植"的特征，苏力称之为"变法"模式。

实践中的"变法"模式尽管并非全然由研究中的"政法法学"与"诠释法学"两种范式直接带来，但它们却具有高度的"亲和关系"。苏力将"变

---

① 苏力：《法治及其本土资源》（第三版），北京大学出版社2015年版，第3页。
② 苏力：《也许正在发生——转型中国的法学》，法律出版社2004年版，第9页。

法"模式作为反思对象,前提是引入另外一种法学研究思路,即,运用人文社会科学方法和资源,"探讨支撑法条背后的社会历史根据,探讨制定法在中国社会中实际运作的状况以及构成这些状况的诸多社会条件"①的"社科法学"。"社科法学"尝试在法学研究与法治实践间建立新的关系。与"政法法学"和"诠释法学"相比,"社科法学"认为(法学)理论研究应当后置于历史实践活动,对此,苏力有如下经典说法,"是一个民族的生活创造其法治,法学家创造的最多是对这种法治的一种理论正当化"。② 当然,苏力并不是主张法学研究是"为了学术而学术"③,他认为"社科法学"同样具有社会关怀,只不过是以一种与其他两种范式不同的"学术性"方式来指向实践。

作为"拨乱"的产物,"政法法学"将法学从"极'左'"的政治话语中解放出来,"诠释法学"却又使之陷入"西化"这种新的总体上为自由主义的政治意识形态中。否定的逻辑之所以不能让法学彻底抽身于(政治)实践,原因在于"拨乱"原本就包含着创造新的意识形态的目的。而作为学术活动,法学研究具有追求超越任何具体实践指向的独立性和主体性。在这方面,"政法法学"与"诠释法学"都没有做到。"社科法学"存在纯粹学术追求的自觉性,从抽身的角度看,"社科法学"可看做是对前二者的继续"拨乱"。

然而,苏力所主张的抽身不能被抽象地理解为学术隔绝于实践活动,而应被理解为以学术方式而非立法姿态参与社会主义法治化活动。"深深嵌在这个世界之中"的法学者须做到入世并出世,完成韦伯提出的学术对于政治的抽身。从事学术研究的法学者并非不能对法治实践做出贡献,只是不要将自己的角色错置为立法者。既然历史最终是由人民创造的,且社会秩序是"自然"演化的结果,那么法学者所能够做的就仅限于"事后诸葛亮"式地对秩序、制度进行合理化说明。

一方面,由于"政法法学"者和"诠释法学"者没有意识到"学术与政治"的差别,或者是他们原本就不甘于从事学术"冷板凳"活动,因此就形成从学术角度看的"幼稚法学"格局;另一方面,在过去的二十多年中,尽

---

① 苏力:《也许正在发生——转型中国的法学》,法律出版社 2004 年版,第 12 页。
② 苏力:《送法下乡——中国基层司法制度研究》(修订版),北京大学出版社 2011 年版,自序。
③ 苏力:《也许正在发生——转型中国的法学》,法律出版社 2004 年版,第 18 页。

管"社科法学"积累了一些实证研究成果,但它还不能也不可能构成法学的主体。"社科法学"最突出的贡献是对法学之所以"幼稚"的自省。苏力最早并最系统地将社会学、法律经济学的方法引入到国内法学研究中,以其个人突出的学术影响力推动中国法学发展。如果说抽身于法治实践的学术因素让法学具有了"反思性",那么,抽身于既有法学研究活动并开辟新范式的苏力就承担起法学界"批评与自我批评"的职责。也是在这个意义上,我将苏力的研究及其贡献评定为不可或缺的"学术批评"。

二

我说的"学术批评"不仅包括存在直接批评对象的"学术书评"一类的文字,而且包括针对既有研究而提出的新的解释方法及其实质观点的学术成果。"学术书评"是"学术批评"形式的一种,在一篇文章中,苏力倡导从"建立在学术理解基础之上的学术批评的传统"的角度从事书评写作,并表明将努力"写出一些可供模仿的'范本'"作为多年的追求。[①] 苏力总结书评写作即学术批评的应有态度、方法和技巧,却相对忽视批评者学术主体性的重要性。真诚坦荡的"君子"心态、精准批评切入口以及文字的分寸感与修辞技巧,固然都很重要,但最根本的还是批评者的"独立学术思考"。无论是"六经注我"还是"我注六经","我"的存在都是前提。

苏力能够以"学术批评"方式推动法学发展,根本在于他不仅仅是位评论家。与编撰教材时的观点罗列完全不同,苏力的"学术批评"活动,是基于他所持方法和观点而展开对他人研究的解读、呈现和批判。苏力有能力做到"见谁批谁",需以"我"之坚实为基础,这包括实质观点和方法论两个方面。

在实质观点上,苏力对"法律"的重新理解是挑战既有法学研究的基石。实际上,苏力并没有明确对"法律"提出某种实质性定义,他坚持"法律没有一个核心,没有一个确定不移、坚贞不渝的本质"[②]的观点,他对"法律"做功能主义的理解,认为凡是能够满足社会秩序需求的(正式)制度规范大概都可以纳入"法律"范畴,"法治"不过是秩序的同义词。苏力

---

① 参见苏力:《批评与自恋——读书与写作》,法律出版社 2004 年版,代序。
② 苏力:《法治及其本土资源》(第三版),北京大学出版社 2015 年版,第 252 页。

说,"从社会学的角度来理解法律……(它)在于建立和保持一种可以大致确定的预期,以便利人们的相互交往和行为……许多法学家都从这个角度界定法律,而制度经济学家更从这个角度把法律确定为一种能建立确定预期的正式制度"。① 苏力所指的"社会学的角度""制度经济学家"与"许多法学家"对于法律的看法与"法律教科书"以及另外一些法学家不同,在他的语境下,后者持有一种"普适主义的、本质主义的法律观","相信有那么一些普遍的、永恒的关于法律的原则和原理,认为只要找到了这些原则和原理,就可以放之四海而皆准,就可以解决中国的问题"。② 前后两种分别属于"经验主义"法律观与"本质主义"法律观。

苏力的法律观,很大程度上是受到波斯纳"法理学"的影响,波斯纳运用制度经济学对法律实施微观经济学分析,将对法律进行"善/恶"评价的规范问题转化为按照制度效率标准衡量其"好/坏"的实证问题。苏力译介并运用美国实用主义和经验主义"法理学",打破我国法学思想和法治实践资源长期被大陆法系垄断供给的局面,开启理解我们自身活动的新视野。在国内法学界总体上受"理性主义"法律观支配,并在实践中陷入"法条主义"的语境下,经验主义的"法理学"观点具有普遍针对性。于是我们看到,所有够资格被批的,似乎没有不能被苏力所批评。

然而任何一种实质观点都不能完成对其他全部观点的批评,苏力能够做到,关键在于他的实质观点更多的具有方法论意义。貌似苏力批评了法学界其他大部分人,实际上是被他批评的其他那些人都是本质主义法律观持有者,因此苏力不过是用一种范式批评持另外一种范式的一类人及其一类观点。从被批评者的角度看,苏力既不支持"西化",也不主张"本土化";既不支持"传统主义",也不接受"后现代主义"的判断;既不赞同"一成不变",也不赞同"全盘重建";等等。似乎苏力"什么都不是",因为任何一种标签化的概括都不适用于他,无论对其表扬还是批评都是如此。苏力之所以拒绝在以上所列两端做选择,是因为他是一个实用主义者,在他眼中,以上列举的那些选项都有可能成为其实质观点的构成要素。在经验主义视野下,法律与社会生活是"词"与"物"以及"名"与"实"的关系。"词"是否有价值以及"名"是否合适,取决于它是否恰当地反映

---

① 苏力:《法治及其本土资源》(第三版),北京大学出版社2015年版,第7—8页。
② 同上注,第231页。

了当时的"语境"。与经验主义法律观对应的"语境论"方法,提供一套"实践检验真理"的学术批评进路。

针对中国法治建设中流行的"变法"模式,苏力提出要重视"本土资源",至于什么是"本土资源",他并没有给出严格清晰的定义。从他的表述中可以看出,"本土资源"大概是指与"现代外国法律"相区别的"本土的习惯、惯例"。① "本土资源"之所以重要,原因是"变法"模式中国家强制自上而下重构秩序的活动有可能与地方秩序冲突,造成费孝通先生早就观察到的"法治秩序的好处未得,而破坏礼治秩序的弊病却已先发生了"②的现象。一般读者多是从实质内容上理解"本土资源",将其看做是形式上与法律制度相区别的实体化事物,认为苏力选择后者而否定前者。这样的看法没有理解苏力的"深意"。苏力一直密切关注中国现实社会秩序的变化,在意识到"中国已经基本完成了社会转型"③的前提下,他不可能认为仅凭生长于传统熟人社会中的"本土的习惯、惯例"就能够应对"中国现代化和市场经济发展的要求"。在基本取向上,苏力是赞同现代化的,在他看来,我们要实现的是中国的现代法治。因此,邓正来先生认为,苏力的"本土资源论"在根本上是属于"现代化范式"的理论模型。④同属于"现代化范式",苏力尝试着开辟了一条与"变法"模式的强制性制度变迁路径不同的自发制度变迁路径。从法治现代化的路径而非法治资源实质构成的角度看,"本土资源"与其他法治资源不存在本质性区别,它们构成了促进社会秩序的多项选择。

并且,将"本土资源"看做是有益于中国法治建设的之一而非唯一资源,也能够将苏力与某些文化守成主义者区别开来。后者同样存在将"本土资源"实体化的倾向,认为中国文化中对应性地包含某些与西方法律价值相同的实质成分。苏力强调"本土资源"的重要性,他的本意是提出"本土资源"通过"创造性的转化"使之与当前现实目标契合。在根本上,苏力不关心"法律"是什么,就连带地不关心(法治)"资源"究竟是什么,他更关心的是如何实现秩序,因此也就连带地更关心制度变迁路径。苏力研究"本土资源"的目的,不是深究"本土资源"与西方法律的实质关系,而是提

---

① 苏力:《法治及其本土资源》(第三版),北京大学出版社2015年版,第14页。
② 费孝通:《乡土中国 生育制度》,北京大学出版社1998年版,第58页。
③ 苏力:《道路通向城市——转型中国的法治》,法律出版社2004年版,第38页。
④ 参见邓正来:《中国法学向何处去》(第二版),商务印书馆2011年版,第261页。

供一个在制度变迁层面上反思"变法"模式的角度。

我觉得他人的误解,很大程度是受"本土"这个概念的误导。"本土"自然而然地让人联想到"本土化"——与"西化"相反。尽管"变法"模式包含着移植国外法律的实质成分,但它们与"本土资源"在苏力的论述中并不是非此即彼的关系,而是有可能在中国法治建设目标下走向融合。作为持秩序自发演化信念的学者,苏力没有过多谈及中国法治建设最终走向何方的问题,连带地也就没有过多谈论中国与西方的关系。因此在苏力那里,"本土"并不是为了强调中国与西方的差别。

另外,在时间维度上,由于"本土资源"回应的是中国法治转型问题,作为法治转型基础的当代中国社会转型,总体上包含着"传统"走向"现代"的趋势,因此"本土资源"又常被理解为"传统资源"。苏力意识到并否认这一类看法,他说:"寻求本土资源,注重本国的传统,往往容易被理解为从历史中去寻找,特别是从历史典籍规章中去寻找。"[1]苏力重视"传统资源",但不是"古迹"意义上的,而是一种面向未来的实践积累。"传统"的生命力不存在于其历史悠久所赋予的合法性,而在于其能够拿来对当下有所用的实用性。

基于对"本土资源"空间与时间维度的重新理解,可以发现,"本土"既非与"西方"相对的实体化"中国",也不是与"未来"相对的实体化"历史",中国社会转型背景下的法治转型在具体时空交织的语境下完成,或者说这个转型过程本身就是语境化的。因此,"本土资源"提供的不过是理解这一语境化转型过程的角度及方法。在这个意义上,我认为,无论是为了实质描述,还是为了避免误解,将"本土资源"换为"实践资源"更确切。

"实践资源"相较于"本土资源"能更好地将法治转型过程的空间与时间维度包含。对于"本土资源",苏力有如下一段描述,他说:"更重要的是要从社会生活中的各种非正式法律制度中去寻找……本土资源并非只存在于历史中,当代人的社会实践中已经形成或正在萌芽发展的各种非正式的制度是更重要的本土资源。传统……是活生生地流动着的、在亿万中国人的生活中实际影响着他们的行为的一些观念;或者从行为主义角度来说,是他们的行为中体现出来的模式。"[2]总结苏力的观点可以说,

---

[1] 苏力:《法治及其本土资源》(第三版),北京大学出版社2015年版,第15页。
[2] 同上注。

"本土资源"不固定存在于某处,却又于社会生活中无处不在,这就是"实践"。从实质内容上看,"本土资源"有可能导向陷入"中国"与"西方""传统"与"现代"的二元思维框架,而这恰恰是苏力所极力反对的。因此,苏力一直避免对"本土资源"进行实质定义,他说:"我并不坚持本土资源这个词,这个概念;也并不想指给大家看,这个或哪个具体的东西是本土资源。在开掘中国的法治的本土资源之际,我关注的是一个个具体的问题。"①

再重复一遍,苏力研究"本土资源"不过是为法学界贡献一种语境化地理解中国法治转型的方法,其"着眼的是社会世界生活中秩序的形成,法律在实际生活中所起的作用"。② 借用黄宗智先生的说法,这属于"从实践出发"的研究方法。"本土资源"关注的不是法律文本上的权利普遍性和价值先天性,而是关注法治实践过程的复杂机理,它广泛借用其他的人文社会学科的理论资源,使研究超出法学学科的限制,目标是对中国法治转型经验进行理论化的总结。

"法治的实践资源"的说法之所以较"法治的本土资源"的说法更恰当,不仅因为"实践资源"更能确切地表达"本土资源"即"社会生产方式乃至社会结构的变化"③的实质内涵,并且前者将法治建设的"历史过程"与"公共选择过程"的性质表达出来,而不纠结于某种单一的实质"资源"的好坏。也许选择哪种说法并不重要,我只是想用另外一种自己觉得更容易理解的方式表达我对苏力的理解。

三

苏力选择"本土资源"这个容易引起误解的说法,还有其他原因。上面的分析指出,"本土资源"实际包含两层内涵:一是作为法治实质"资源"一类的"本土的习惯、惯例";二是作为观察法治建设实践尤其是反思"法律"移植活动的思考方法。当"本土资源"仅用于对主流法学反思和批评时,上述两层内涵可以被统一起来。因为只要论证"本土资源"不仅广泛存在于现实社会生活中,并且它对实现社会秩序不可或缺,就足以反驳

---

① 苏力:《批评与自恋——读书与写作》,法律出版社 2004 年版,第 202 页。
② 同上注,第 198 页。
③ 同上注,第 203 页。

"变法"模式与法律移植的观点。然而"本土资源"难道就足以回应中国法治建设的需求吗？一旦从建设而非批评的角度反问，"本土资源"所包含的两种内涵的区别就会被凸显出来。这是从前瞻角度思考法治与"本土资源"的关系。

对于法律移植，苏力不是批评资源本身，批评的目的不是将外国法律与"本土资源"对立起来，而是批评法律移植者对法律资源的教条主义处理。对于法治建设，只要加上之一的限定，所有古今中外的所有"资源"都可能有价值。所有这些法律资源都被运用于社会生活并通向某种秩序，形成法治实践。这样的实用主义法律观在反思上足够，但却不能对"本土资源"与法治建设的关系做出实质说明。这个实质说明需要回答的是，古今中外的各种法治"资源"到底各发挥什么作用，相互之间又是如何冲突、互动和融合的。而这并不是逻辑推理和概念演绎所能够完成的。

甚至可以说，只要社会生活不是按照某种模式不断重复，法治实践过程就一定存在流变性。当然这并不构成学者放弃努力将实践经验概念化和理论化的理由。苏力没有接着对法律移植进行批评，而是进一步指明了中国法治向何处去，"非不为，而不能也"。因为，且不说中国法治实践是否进入到某种能够在概念上被模式化的阶段，纵然是社会结构与法治秩序已然定型，这也不是单个学者所能的。

作为学术批评，尝试从前瞻的角度提出"中国法治建设应该如何"的实质观点来反驳法律移植观点，其实是选择了一个笨办法。实际上，用"本土资源"就足以驳斥"法条主义"，正如找到一只黑天鹅就足以反驳"天鹅都是白的"的判断。从这个意义上看，苏力选择"本土资源"而非"实践资源"，在策略上是正确的。

这么说并不意味不能对苏力提出更苛刻的要求。要真正做到避免对他的误解，苏力就必须得从实质角度说明"本土资源"在法治实践中的位置，而不仅仅将其作为批评的武器。在实质内容上，"本体的习惯、惯例"不能替代法治实践，因此"从实践出发"的法学研究并不仅限于用"本土资源"进行法学反思。后者更多具有方法论的建构意义，前者需将方法论的主张转化为实质研究成果。苏力促进了"社科法学"兴起，推动了中国法学研究的巨大进步，相对于方法论层面的贡献，苏力在实质研究领域还没有达到一人定乾坤的高度。实际上，任何人都不可能成为实质研究的"终结者"。因此批评苏力做得不够多，实质是要求我们自己要回到社会生活和法治实践中去做实质研究,就如同苏力对"送法下乡"实践的深入观察和理论思考。

从根本上讲,"从实践出发"的法学研究的对象是"实践"而非"法律"。如果说这样的研究可称之为"法学",也仅因为它是在观察名为"法律"的制度规则与"社会生活诸多因素的相互影响和制约"。① 进一步深究则会发现,苏力的功能主义定义方式将"法律"拓得太宽,所有的那些"在中国人的生活中起过、并在一定程度上仍然在起着作用……(能够)保证着他们确立和实现预期,使他们的生活获得意义"②的正式和非正式规则,都具有(西方)"法律的"功能与性质。这样一来,苏力所谓的"法学"研究就模糊了学科存在。既然"法律"与社会规则可以互换,那么运用社会学与经济学方法研究法律问题的法社会学与法经济学,是否还属于"法学",就存在疑问了。当然,这属于"名"的问题。但从学科建设的角度看,法社会学和法经济学与主流法学的隔阂,可能永远无法消除,因为他们相互持有不同的法律观——这则是"实"的问题。

另外,"社科法学"采用实证方法研究法律事物,"反对以抽象的所谓永恒价值作为对法律制度和规则的评判,而是注重特定社会中人的生物性禀赋以及生产力(科学技术)发展水平的限制,把法律制度和规则都视为在某些相对稳定的制约条件下对于常规的社会问题的一种比较经济化的回应"。③ 苏力按照唯物主义方法认识法律,指出"法律本身并不能创造秩序,而是社会秩序创造法律"④,将被法条主义者颠倒的法律与社会秩序关系倒置过来,使法律褪去"神圣性"而变成功利和世俗的社会事物。被抹去"规范性"内涵的法律,在苏力那里就变成保守的社会力量。然而,自发演化而成的社会秩序难道就是有效率的吗?制度经济学并不支持这点(否则就不会有"囚徒困境")。苏力针对"变法"模式,以一种矫枉过正的姿态强调自发制度变迁的意义,并不能否定在某些情况下不得不采取强制变迁手段以促成制度的帕累托改进。若是脱离苏力所处语境,抽象地谈论"法律",我们还必须得承认它的"规范"内涵。法律既具有维持社

---

① 苏力:《也许正在发生——转型中国的法学》,法律出版社2004年版,第17页。
② 苏力:《法治及其本土资源》(第三版),北京大学出版社2015年版,第38页。
③ 苏力:《也许正在发生——转型中国的法学》,法律出版社2004年版,第235页。
④ 苏力:《道路通向城市——转型中国的法治》,法律出版社2004年版,第40页。

会秩序的实用功能,也存在改造(不是创造)社会秩序的前瞻功能,如何处理二者关系,也是需要苏力思考的。

四

可是,大多数学者并没有向苏力提以上几个问题。

相当一部分人惯于以某种"主义"去判断另外一个人,而不做苏力说的"针对人家的理论思路提出批评"。① 前一种属学术"扣帽子"(也可能是"戴高帽"),后一种才是真正有益交流和对话的"学术批评"。

[苏力:《法治及其本土资源》(第三版),北京大学出版社2015年版。]

---

① 苏力:《批评与自恋——读书与写作》,法律出版社2004年版,代序。

跨学科视野

组织形态还是政治正当性:党际竞争的双重视角*
——兼评王奇生教授《党员、党权与党争》

邵六益**

"革命"是20世纪中国的主题之一①,在历史叙述中,政治制度的正当性来源于对过去的破坏和对未来的重新构造,革命与现代化在20世纪的政治舞台上代表了两种最响亮的声音。② 过去我们更多强调革命前后的断裂性,认为中国的革命是法俄革命而非光荣革命的继承人,以此突出创造新世界的意涵。③ 从对新中国六十年的整全性解释建构起从毛泽东到邓小平的连续性④;从对清帝逊位的光荣革命式分析将研究视野扩大到"三个三十年"。⑤ 近来,学术研究对于连续性给予了高度关注,而官方也在最近提出了改革开放前后三十年的"两个不能否定"的观点。在这样的背景下,对20世纪的整全性解释成为学界热点,相比清末民初的研究,对国共之间的政权交替的研究更多还是一种意识形态话语,缺乏严肃的学术分析。如何理解国共两党的易位,如何在军事胜负之外发掘新的解

---

* 本文的写作得到多位师友的指点,在此感谢,但无法将所有意见悉数吸收,所有可能的错误由本人承担。
** 中央民族大学法学院讲师。
① 参见李泽厚:《思想史的意义》,载《读书》2004年第5期,第53页。
② 参见陈明明:《在革命与现代化之间》,载《复旦政治学评论(第一辑)》,上海辞书出版社2002年版,第226页。
③ 同上注,第228页。
④ 参见甘阳:《中国道路:三十年与六十年》,载《读书》2007年第6期。
⑤ 对清帝逊位诏书的这种解释,参见高全喜:《立宪时刻:论〈清帝逊位诏书〉》,广西师范大学出版社2011年版。当然高全喜教授不一定秉承"三个三十年"的观点。

释进路,对于理解过去、应对将来可能出现的问题,具有非常重要的意义。王奇生教授的《党员、党权与党争:1924—1949 年中国国民党的组织形态》或许就是在这样的问题意识下进行的研究。①

"从组织角度考察国民党为什么会失败",是《党员、党权与党争》的研究任务。全书的核心命题是:尽管在 1924 年改组时采取了列宁主义政党的组织模式②,尽管在 1928 年之后形式上统一了全国,尽管在抗战时期正当性得以增强,国民党依旧是一个"弱势独裁政党"(自序,第 1 页)。王教授的言下之意是,国民党的失败在于组织不力,而共产党的成功在于组织有力。从组织的角度来分析党际竞争,可以改变过往意识形态话语的片面和僵化,但是,分析国共两党的政治斗争之胜负的时候,除了要看到这种基于组织系统的"力"的考量外,更要看到"道义"上的正当性,在实力政治之外还需要有基于政治正当性的分析。

一、代表制原则下的政党

如果将民国政治的最基本的问题进行提炼,我们大体上可以将基本任务按阶段分为"破旧"和"立新"两个阶段。中西方各种版本的"君权神授"理论分享着对君主的崇拜③,王朝后期的农民起义推翻了旧王朝,却并未改变这种君权神授理论。不同于以往农民起义或者军事将领政变,民国开启的是一种全新的政治实践。"三民主义"早已不再以皇帝为中心枢纽,无论是民族主义、民权主义还是民生主义,主要已经从人民这里来寻求政治的正当性了。④ 辛亥革命及其奠定的民国政治已经带来了对政治正当性的一次巨变,原本在皇帝保护下的"臣民"变成了主权者的"人

---

① 参见王奇生:《党员、党权与党争:1924—1949 年中国国民党的组织形态(修订增补本)》,华文出版社 2010 年版。后文出现时简称为《党员、党权与党争》,文中对该书的引用直接在正文中标出页码。

② 关于"列宁式政党"的分析,本文将在后面相应部分论述。

③ "天"和祖先是中国皇帝的两个正当性基础,祭天礼仪中的祭天和祭祖合一,使得两种正当性基础得以汇合。参见〔日〕渡辺信一郎:《中国古代的王权与天下秩序:从日中比较史的视角出发》,徐冲译,中华书局 2008 年版,尤其是第五章。

④ 当然,在孙中山看来,单个人的自由固然重要,但是在当时的中国,整体的自由、国家的权力是更值得关注的。在"五四"前后,中国思想界经历了一场从"个人主义向集团主义(或集体主义)的演变大势",参见王奇生:《革命与反革命:社会文化视野下的民国政治》,社会科学文献出版社 2010 年版,第 39 页。

民",辛亥革命完成了推翻帝制的任务,并给人民带来了共和的观念。第二阶段是巩固制度成果,设计一套全新的政治制度来保障共和,完成政治整合。但是,辛亥革命后所设计的制度并不能够很好地捍卫共和,袁世凯、张勋的复辟足以表明"走向共和"的道路是漫长和曲折的。

从封建帝制到"共和观念"的深入人心,背后蕴含的是正当性由君主向了人民的"天命"流转①,从帝制到民国的转变可以视为古今之变的完成②,但这种转变需要有政治制度的保障。政治制度的构建需要在作为主权者的人民与真正行使主权的机构之间建立适当的比例关系③,任何的政治架构都需要在同一性原则和代表性原则之间寻求恰当的平衡,两个原则的具体形式和比例决定了各个国家政体形式的不同。简单地说,同一性原则只是在人群中将具有同一特质、可以被归属为同一政治共同体的人标识开来,这种区分依赖于"强大的、有意识的同质性,并由于固定的自然疆域或其他任何原因"所划定的"直接给定性"。④ 同时,"直接给定性"恰恰是需要由国家的同一性来塑造,两者在一定程度上是相互转化的关系。很明显,民初中国还不具备这样的"直接给定性",一方面,国家分裂趋势日重;另一方面,传统的儒教统一性也难以继续,尤其是废除科举制度后,"国家丧失了维系儒教意识形态和儒家价值体系正统地位的根本手段"。⑤ 既然同一性原则无法诉诸,政治制度的建立只能依赖于代表性原则。⑥ 代表性原则的基本观点在于,人民的私人性难以消除,无法以同一性的方式直接表达自己,也就难以具备以主人的身份进入政治的直接政治行动能力,人民行使主权必须有代表的存在。⑦ 需要人格化的主体来代表他们,"不存在不实行代表原则的国家"。⑧

实际上,无论是在人民主权思想浸润下的民国,还是在此之前的封建

---

① 参见许纪霖:《近代中国政治正当性之历史转型》,载《学海》2007 年第 5 期。
② 参见高全喜:《立宪时刻:论〈清帝逊位诏书〉》,广西师范大学出版社 2011 年版,第 31 页。
③ 参见〔法〕卢梭:《社会契约论》,何兆武译,商务印书馆 2003 年版。
④ 参见〔德〕卡尔·施米特:《宪法学说》,刘锋译,上海人民出版社 2005 年版,第 219 页。
⑤ 萧功秦:《从科举制度的废除看近代以来的文化断裂》,载《战略与管理》1996 年第 4 期。
⑥ 代表概念的出现是现代政治理论思考的重大转折,足以解决以人民主权为基础的社会契约理论中出现的(公)权力无法出现的悖论,也是将权力正当化的重要环节。参见李猛:《通过契约建立国家:霍布斯契约国家论的基本结构》,载《世界哲学》2013 年第 5 期。
⑦ 参见刘小枫:《如何认识百年共和的历史含义》,载《开放时代》2013 年第 5 期。
⑧ 〔德〕卡尔·施米特:《宪法学说》,刘锋译,上海人民出版社 2005 年版,第 220 页。

时代,都需要满足社会流动、代表臣民或者人民的意志的要求,当然两者的逻辑截然不同。封建时代听取民意是为了服务于君主的统治,作为统治对象的人民不是目的;民国以降,来自人民的正当性成为了政治的唯一保证。① 而在科举制度被废除之后,传统士绅阶层瓦解,国家与人民之间的传导机制失灵了,国家从人民汲取正当性的机制不存在了。② 新的机制——政党成为整合社会力量的新方式,政党可以代表民意、吸纳社会贤达,以此填补革命之后上下协商环节断裂所造成的空隙,是民国初年代表人民的重要手段。《中华民国临时约法》允许各利益团体以政党的形式来代表各自的利益,组党成为风靡一时的做法,全国出现了数百个以"会""社""党"的名义存在的组织。③ 但是,仅从代表的理论出发,无论何种政党的组织形式都可以成为新的权力整合机构,集权程度比较低的议会政党制和高度集权的列宁主义政党模式都可以成为选择之一。

二、作为国家整合中心的列宁式政党

世界上其他国家近代转型的经验和教训告诉我们,在从君主转向人民、从帝制走向共和的过程中,极容易带来国家的分崩离析,新的整合机器还必须要非常强大才足以维系国家的统一。④ 传统中国的这种政治同一性主要在于皇帝⑤,一旦中央政府垮台,社会很难自行组织力量进行反抗或者自救。⑥ 面对内忧外患的历史境况,革命之后的民国并不能保证国家的安定和完整,没有能够将清朝的全部版图和权力很好地继承下来,这首先是因为缺少强大的权力中心。⑦ 尽管清帝逊位诏书中将全中国都

---

① 有研究表明,晚清改革家已经受到人民主权理论的影响,参见孙晓春:《卢梭的人民主权论与中国近代的民主进程》,载《贵州社会科学》2009 年第 5 期。
② 参见萧功秦:《从科举制度的废除看近代以来的文化断裂》,载《战略与管理》1996 年第 4 期。
③ 参见张玉法:《民国初年的政党》,"中央研究院"近代史研究所 2002 年再版,第 37 页。
④ 参见章永乐:《旧邦新造:1911—1917》,北京大学出版社 2011 年版,第一章。
⑤ 在清朝的政治构架中,皇帝发挥了非常重要的作用,因为他是连接各种政治统治形式的核心——作为满人的族长、汉人的皇帝、蒙古人的可汗以及藏族人的保护者,万民之所以尊崇远在北京的中央政权,关键就是这个正统性在这里。
⑥ 参见钱穆:《中国历代政治得失》,生活・读书・新知三联书店 2001 年版。
⑦ 这正印证了亨廷顿的洞见,变动社会中的政治转型成功的前提恰恰是集权的推行,参见〔美〕萨缪尔・P. 亨廷顿:《变化社会中的政治秩序》,王冠华、刘为译,上海人民出版社 2008 年版,第三章。

交托给了后来的中华民国①,但民国对1300多万平方公里的土地是缺乏实质的管辖权的;以俄国为代表的列强在清末加紧了对中国边疆地区的侵蚀;而就国内的力量对比来说,整合度也还远远不够。武昌起义后,南方的革命联盟在形式上得到了很多省份的支持,但其实很多地方旧势力只不过是望风依附,并不是真心要革命,也不知道该如何革命。② 正是因为南方革命党人知道仅凭一己之力难以真正推翻清王朝,所以才有了"南北议和",北洋集团由此进入历史舞台,后来正是袁世凯以武力为后盾才成功逼迫清帝退位,在退位诏书中清帝将统治权全部地让渡给民国。实力不足的国民党难以通过议会实现政治整合的目的,因为它们没有一种政治集权力量。③

另一方面,当时的人民也没有经过民主的洗礼,对议会选举这一套运作模式很不熟悉。在第一次国会选举中,愿意参加众议院投票的选民很少,即便是国民党也得和其他政党一样采取"收买"的方式来拉票。④ 如果在没有形成政治共识的民国初年真的实行议会选举组织责任内阁的话,国家政权可能随着每一次的议会选举而改变。从某种意义上说,选举容易将政治力量和社会分为不同的派别,进而带来分裂。美国的第一任总统人选是没有悬念的,那是因为华盛顿众望所归。⑤ 但是华盛顿之后,亚当斯、杰斐逊的竞争开启了美国两党政治的先河,美国宪法第十二修正案(1804年)对总统、副总统选举的分别投票制正是应对党派形成所做的修正。⑥ 在社会共识不足的转型国家,不管是哪一派力量上台执政,另一

---

① "总期人民安堵,海宇乂安,仍合满、汉、蒙、回、藏五族完全领土为一大中华民国。""清帝逊位诏书"希望保持中国多个民族的共和和大一统的持续,关于这份诏书的宪政意义,转引自高全喜:《立宪时刻:论〈清帝逊位诏书〉》,广西师范大学出版社2011年版。
② 参见胡绳:《从鸦片战争到五四运动(下册)》,人民出版社1981年版。
③ 托克维尔使用的是"政府集权"的概念,我们使用了"政治集权"的概念。关于行政集权与政治集权的比较,可参见〔法〕托克维尔:《论美国的民主(上卷)》,董果良译,商务印书馆1991年版,第96页以下;而对法国行政集权及其危害的更为详细的论述,可参见〔法〕托克维尔:《旧制度与大革命》,冯棠译,桂裕芳、张芝联校,商务印书馆1997年版,第111页以下。
④ 参见陈宁生:《论民国初年的政党政治》,载《武汉大学学报(社会科学版)》1991年第5期。
⑤ 阿玛(Amar)教授认为,美国宪法中的总统条款就是为乔治·华盛顿量身制作的。See Akhil Reed Amar, *America's Constitution: A Biography*, Random House Trade Paperback Edition, 2006, p. 131.
⑥ See Akhil Reed Amar, *America's Unwritten Constitution: The Precedents and Principles We Live by*, Basic Books, 2012, pp. 393-394.

派总会直接反对选举的结果,由此带来"政治权威的民主悖论"。① 如果放在民国,议会选举最容易带来的不是团结,而是分裂;不仅是党派之间的分裂,还会有中央与地方的分裂。②

宋教仁遇刺后,试图以议会—政党来整合这个国家的努力失败了,而孙中山领导的"二次革命""护国运动""护法运动"也都以失败而告终。在经历了一次次的失败之后,孙中山开始认识到国民党改革的必要性。孙中山认为,俄国共产党在组织上比较有经验,但是就主义而言,共产主义并不比三民主义高多少,三民主义中的民生原则就已经可以代表共产主义了。孙中山对三民主义与共产主义的认识,导致了蒋介石清党时的"清共反俄"被当做是背弃了总理遗教(第141页)。换句话说,尽管当时的改组是"以俄为师"的,但是孙中山心中也有一个"体用之争",他的理想是"三民主义为体,俄共组织为用"(第11页)。列宁式政党的组织要求在于,一党专政、决策上的民主集中制、党对国家和社会的全面控制等。③议会制政党也可以有吸纳社会精英的效果,但是这样的政党不够强大,无法成为国家和社会的中心,也不适合国家和社会整合尚未完全实现的落后国度的需求,走向列宁式政党在某种意义上来说是必然的。④

国民党改组的措施有:第一,建立基层组织。党员基层组织的控制是列宁式政党的重要组织特征,建立起"笼罩每一个党员的基层组织"是国民党改组着力的重点(第18页)。第二,建立党国体制,党在国上。孙中山借用西方的政党政治的理论,赞成同盟会或国民党的独大,但是还没有发展到只有一党的理论。其思想在"宋教仁事件"后发生改变,只是一时没发现有理论可以支撑他的一党理论,待到苏俄经验进来之后,他很快就接受了。第三,从一种精英式政党向"国民的党"转变。1924年的改组之后,国民党从一种隐秘的、封闭的、精英型的政党开始转向一个开放的、具有宽泛群众基础和较强政治动员能力的革命党。第四,国民党对军队的

---

① 强世功:《乌克兰宪政危机与政治决断》,载《21世纪经济报道》,2004年12月15日。
② 联邦党人在美国建国时会非常小心谨慎地控制党争的危害,参见〔美〕汉密尔顿等:《联邦党人文集》,程逢如等译,商务印书馆1995年版,第10篇,第44—51页。
③ 参见吕芳上:《政治转型的挑战——近代中国"党国"体制的发展与省思》,载吕芳上:《"民国"史论(上册)》,台北商务印书馆2013年版,注释18。
④ 参见章永乐:《从"大妥协"到"大分裂":重访1913年》,载《华东政法大学学报》2013年第5期,第19页。

控制的加强。① 但国民党实行的只是"准列宁式政党(quasi-Leninist Party)",与其他的列宁式政党相比有两个重大的体制性区别。王教授指出,独裁政党的控制能力却是有各种不同的,有强弱之分,就国民党的组织情况而言,它只是一个"弱独裁政党"(自序,第 1 页)。国民党改组得其形忘其实,未能学到列宁式政党的精髓,尽管国共两党都在学习苏俄,但是中共实行的是强势全面的党国体制,国民党实行的是弱势过渡性的党国体制。② 而本文认为,国民党的能力的缺失,不仅仅是因为组织原因,国共两党党际竞争的背后,有一种政治的正当性的因素在里面,政治正当性是国家的最高统治原则,也是统治者和被统治者共同认可的信念和规范基础。③

三、组织形态还是政治正当性?

启蒙时代以降,理性的个人为了避免可能的暴死,彼此签订契约将主权交给主权者,形成国家,道德就不再是古典意义上的德性和高尚,最大限度地避免死亡就成为了至上的道德。④ 现代化其实就是一场撕去崇高的"假象",给我们带来底层的、自足的、可控制的德性⑤,如果我们不是从时间维度、代际更替的角度来理解这种身份和地位的易位,那么"青年造反运动"也可以说成是某种意义上的底层造反运动,"主奴辩证法"下的主人、奴隶身份的一次次替换才是革命的实质。阶级赋予了这种身份划分的新的标准,变动的身份认同使得这种革命推向无限的平等,进而无产阶级作为资本主义社会最受压迫的阶级成为人类解放的希望。⑥ 笔者不打算沿着政治哲学的进路分析,而是希望回到中国近代史的视野之下,分析

---

① 孙中山对俄国的"赤军"一直很欣赏,希望在中国也可以建立一种由党来控制的军队,新式党军与以往旧军队比起来,不仅具有严密的组织,而且也会具有浓厚的意识形态信仰。其实这是实现由军队私有化向党化的转变,是中国军队建设史上划时代的转折点。
② 参见吕芳上:《政治转型的挑战——近代中国"党国"体制的发展与省思》,载吕芳上:《"民国"史论(上册)》,台北商务印书馆 2013 年版,注释 18。
③ 参见许纪霖等:《政治正当性的古今中西对话》,载《政治思想史》2012 年第 1 期。
④ 参见[美]列奥·施特劳斯:《霍布斯的政治哲学》,申彤译,译林出版社 2001 年版。
⑤ 甘阳:《政治哲人施特劳斯:古典保守主义政治哲学的复兴》,参见[美]施特劳斯:《自然权利与历史》,彭刚译,生活·读书·新知三联书店 2003 年版,导言部分。
⑥ 参见[德]马克思、[德]恩格斯:《共产党宣言》,中共中央马克思恩格斯列宁斯大林著作编译局译,人民出版社 1997 年版。

共产党阶级革命对党际竞争的影响。本文认为,正是因为在阶级理论的指引下,共产党可以将从来没有进入中国政治考虑的农村带入现代转型之中,由此完成现代国家建设的任务;与此同时,中国最广大、最下层的农民被带入到革命的洪流后,为中国革命带入了巨大的力量,这是共产党获胜的重要原因。①

(一) 现代国家转型中的农村改造

在革命话语主导权的流变之中,经历的是一种正当性的流转。清末民初法统"和平"转化的背后是武力,反过来,武力斗争的胜败又与关于"革命"的理论紧密相连。只有采取了更适合的革命理论,才可能真正实现天命的流转。从某种意义上讲,共产党的阶级革命之所以获胜,不是因为军事上的支持,相反,共产党军事的由弱到强却是因为阶级革命代表了先进的方向。"政治、经济、文化发展极不平衡"的大国中,农村和农民问题是最主要的问题,只有按照共产党的主张,才可能将中国最广大的农村带入现代转型之中来。辛亥革命和国民大革命的失败很大程度上就是因为对农村和农民的关注不够,列宁于1913年指出,国民党的弱点就是"它还没有能充分地把中国人民的广大群众吸引到革命中来"。②

国共两党都希望将中国改造成一个现代化的国家,但是他们对"现代中国"的想法是不同的。共产党的这种发动下层的策略的有效性不仅在于获得了群众支持以夺取政权,还在于将农村带入政治以改造中国,而这才是真正地改造中国的。国民党侧重于上层的革命与改革,无法完成整个国家的现代化。传统中国是一个基层统治力虚弱的国家,皇权对基层社会的统治力不足,有着深厚的村治传统,基层其实没有被带入到这个国家之中来。革命一个重要的目的就是去发动最底层群众、改造基层。这也是革命的重要手段,可以将基层带进来的政党才可能真正取得胜利。杜赞奇认为,改造中国就必须要将乡村改造成功,新政权成功与否的关键

---

① 当然,阶级革命也有其国际视野,随着列宁所说的帝国主义阶段的到来,经济本身的全球性使得阶级革命也具有了世界理想。无产阶级所受的压迫不是一国资产阶级所施加的,利润的逻辑使得资本在全球流转,资产阶级的剥削不以国界为限,每个国家的无产阶级不仅受到本国资产阶级的压迫,还会受到国际资产阶级的压迫,全世界的资产阶级是联合起来的,那么无产阶级的解放也肯定是一个全世界的解放,只有消灭了所有的资产阶级的压迫之后,才有可能使得我们的无产阶级政权稳固起来。

② 〔俄〕列宁:《中国各党派的斗争》(1913年4月28日),转引自陈宁生:《论民国初年的政党政治》,载《武汉大学学报(社会科学版)》1991年第5期。

在于同时做到两件事情:第一,就是要改变原有的经纪机制,使得国家可以管控基层,这样可以保证国家的税收之稳定,以抗拒内卷化的趋势;第二,就是这种改变不能是入侵者(如日伪政权)的肆无忌惮的破坏式的,必须要能得到村民的支持。这两点是政权命运之关键所在。① 共产党摆脱了困境,主要在于共产党的政权建设摆脱了"内卷化"扩展的趋势,从基层建立了与国家政权相联结的各级组织,并且解决了偷税漏税这一困扰明朝以来历届政府的问题。②

晚清的正当性危机需要从理论和实践中进行重建,其中的重要一块在于乡村。国民党主要是委任那些乡村上层精英,试图以此来推动农村的革命,但在社会政治形势发生巨大变化的时代,传统精英自然是难以重新引领普通民众的。共产党利用重新的阶级划分,使农民的身份认同发生改变,斗争的对象和依靠力量被重新洗牌。在各种动员机制下,被灌输无产阶级理想的底层人民为革命带来了动力,"翻身"成为重要的话语旗帜。在此过程中,年轻生产队长这样的先进分子被发展为党员,成为一个先进的代表。③ 共产党的策略在于塑造新的社会精英,进而实现整合,并占领农村,最后走向全国。阶级革命加强了其与农民之间的政治联盟,政治动员型的革命所造就的是比革命前更为中央集权、科层化的新体制,导致了"党治国家"的兴起。④ 国民党主要是从外部植入精英来打击传统权威,反而打破了原来的权力的文化网络,收不到国家建设的效果。国民党的群众基础主要在上层,基层、乡村、内陆的控制力很弱(第 79 页以下)。当然,与经典马克思主义理论以及苏俄经验不同,共产党并没有将重心放在城市和无产阶级上,中国革命更多是放在发动农村、动员农民上。

(二) 政治资源汲取中的农民动员

一个国家在走向现代化的过程中所需要的资源是不同的。面对阻力

---

① 参见〔美〕杜赞奇:《文化、权力与国家:1900—1942 年的华北农村》,王福明译,江苏人民出版社 2008 年版,第 205 页。
② 同上注。
③ 参见强世功:《法制与治理:国家转型中的法律》,中国政法大学出版社 2003 年版,第 56—64 页。
④ 这是西达·斯考切波的结论,Theda Scokpol, *States and Social Revolution: A Comparative Analysis of France, Russia and China*, Cambridge University Press, 1979, p. 236, pp. 262-265。转引自陈明明:《在革命与现代化之间》,载《复旦政治学评论(第一辑)》,上海辞书出版社 2002 年版,第 240 页。这种党治国家其实也是中国国家转型中所需要的中央权威的重建过程。

越大的国家,其所需要调动的资源就越多——这种资源不仅是自然资源,更多的是包括人力、民心在内的政治资源。① 美国革命之所以没有像法国大革命那样发展到发动所有"无套裤汉"的运动,没有发展为一种社会革命,关键在于美国独立战争时期所遭遇的外部压力没有数次直面"反法同盟"的法兰西革命那么大。② 当时的英国正在欧洲与许多国家交战,财政负担巨大,更重要的是英帝国在殖民地的目的就是维持商业利益,所以并没有尽全力阻止北美独立③;伯克在劝英国政府与美国和解时,考虑到的主要是殖民地的贸易对于英国的重要性,他像一个精明的商人那样列出了许多数据。④ 如果英国不是决定"放弃"对北美政治统治而直接退为仅仅保持其商业利益的话,美国可能在独立战争时就得发动群众来参与,尤其是发动南部的黑人参加军队,这样美国的种族问题在独立战争时就会暴露出来。在南北内战期间,北方需要调动黑人来参军,对黑人的尊重刚开始就是因为黑人参加了南北战争,在战争中很多人发现黑人不是那么低下,黑人也因为通过参加捍卫国家的战争而提出更多的政治诉求。⑤ 当黑人的血汇入美国的自由精神之中的时候,黑人在道德上获得了支持。⑥ 在进步时代,美国不同州赋予妇女选举权的时间是不一致的,但是到1919年的时候,没有哪一个总统候选人敢于在这个问题上甘于"落后",因为他们无法忽视已经获得选举权的29个州的妇女的选票。⑦ 美国普选权的种族、性别问题的解决正是社会和文化变革的伴生物。每一次民权运动高潮的背后都是对"美国人民"这个概念的重构:伴随着民权

---

① 对自然资源与战争胜负的关系的研究,see Michael L. Ross, How Do Natural Resources Influence Civil War? Evidence from Thirteen Cases, *International Organization*, Vol. 58, No. 1 (Winter, 2004), pp. 35-67.

② 参见〔美〕汉娜·阿伦特:《论革命》,陈周旺译,译林出版社2011年版,第二章。

③ See Jack P. Green, *The Constitutional Origins of the American Revolution*, Cambridge University Press, 2011.

④ 参见〔英〕爱德蒙·柏克:《论与美洲和解的演讲》,载爱德蒙·柏克:《美洲三书》,缪哲选译,商务印书馆2003年版,第78—81页。

⑤ See Eric Foner, Rights and the Constitution in Black Life during the Civil War and Reconstruction, *The Journal of American History*, Vol. 74, No. 3, The Constitution and American life: A Special Issue (Dec., 1987), pp. 863-883.

⑥ See Berlin, Ira, Joseph Patrick Reidy, and Leslie S. Rowland, eds., *Freedom's Soldiers: The Black Military Experience in the Civil War*, Cambridge University Press, 1998.

⑦ See Akhil Reed Amar, *America's Constitution: A Biography*, Random House Trade Paperback Edition, 2006, p. 424.

的发展,人民的范围也在扩大。① 在这个意义上,无产阶级革命则一下子将最为下层的人调动起来,一劳永逸地解决了美国式民权运动阶段发展的问题。

国共两党对中国革命需要发动哪些力量的看法是不同的,当然这既有对中国形势判断上的差别,也有政党纲领的区别,还有两党政治地位的区别的缘故。"国民党执掌全国政权后,舍弃了孙中山的'扶助农工'政策,自然也就失去了农民、工人的群众基础,但并未因此换来地主和资本家的衷心支持。其结果,国民党政权没有一个真正属于它的社会阶级基础。"(第170页)从本质上来说,国民党的阶级性质就决定了它不可能具有那么强的革命性,尤其是"清党"中被清理的三十多万人中90%以上都是非共产党员,他们主要是国民党中的比较有改革精神的左派,在将党内的进步势力消灭掉了后,阶级革命就更不可能实现了。② 而共产党的群众路线是更为成功的,通过各种委员会,共产党可以做到"基本上所有的人都被发动起来"。③

那么,共产党之所以发动最广大的人民群众,是不是仅仅出于一种策略考虑——当时由于处在"在野党"的地位,无法与国民党正面争夺,只有去吸纳最为底层的阶级呢? 其实不然。中国革命之所以需要通过阶级革命发动最广大的人民,尤其是底层的人民,是因为中国革命所面临的敌人非常强大。正是因为如此,我们不仅需要调动占全国人口最多数的农民阶级的参与,还要结成广泛的统一战线。在新中国成立时,之所以提倡"人民民主专政"而非"无产阶级"专政,就是因为人民比无产阶级更具有包容性,能够吸收更多的支持性力量。④ 人民民主专政的思路可以将更多的人团结在共产党周围,使得新中国的阶级基础更为广泛,进而调动更多的政治资源来推动国家的建设事业。如果只说无产阶级专政,而不把占全国人口大多数的农民,以及小资产阶级、民族资产阶级等其他人包括

---

① 布鲁斯·阿克曼(Bruce Ackerman)笔下的"我们人民"(We the People)看似没有变化过,实际上每一次的民权进步都将更多的人转变成真正的美国人民,由此完成了对美国人民的重塑。See Bruce Ackerman, *We the People*, Volume 3: *The Civil Rights Revolution*, Belknap Press, 2014.
② 参见杜凤娇:《从组织形态看国民党的失败——访北京大学历史系教授王奇生》,载《人民论坛》2011年第7期。
③ 吴重庆:《革命的底层动员》,载《读书》2001年第1期。
④ 参见刘建平:《苏共与中国共产党人民民主专政理论的确立》,载《历史研究》1998年第1期。

到领导阶级中来,很难在理论上讲得通、在实践上行得通。《共同纲领》将人民民主专政的"人民"扩展到包括工人、农民、小资产阶级、民族资产阶级和其他爱国力量在内的广泛的统一战线。① 在每个不同的时期,共产党人都非常清楚,争取最大多数的支持者对于完成革命、改革与建设的重要性。"八二宪法"中也继续了统一战线的思路。

毛泽东曾经将中国革命的胜利经验归结为"三大法宝",统一战线就是唤起民众,最大限度地吸纳革命力量;武装斗争也是以农民为主的;政党建设的目的在于将吸收进来的各种党员进行党的教育。这其中最重要的就是动员大众。在此过程中,军事、政权与社会经济问题结合起来了,"人们在所承担的绝大多数旧的社会、经济、心理义务趋于解体的同时获得了新的社会化模式和行为模式"。② 正是在发动群众的过程中,农民被灌输了阶级的意识,进而被引入了共产党主导的政治重建当中。将数以万计的党员派到基层去,真正发动群众,使他们相信并支持革命,这样才有可能集聚起变革的力量。无论是国民党,还是共产党,他们的成员都是具有非常特殊的身份的人,而不是随便选择的——至少在理论上如此。

(三) 对一种质疑的回应

将国共党际竞争的历史放回到基本命题之下,放在现代国家建设的背景之下,这种斗争其实是改造中国的两种模式和道路的竞争,而国民党的失败就不仅仅是组织系统上的孱弱的问题。一方面,中国的转型自然要将广大的农村改造过来,否则这种转型不可能成功;另一方面,在走向共和的过程中所遇到的阻力如此巨大,这使得和平过渡几无可能,革命就成为最为可行的途径,与革命相伴随的动员也就成为弥补国家基础性权力(infrastructural power)不足的方法③,只有共产党的革命理念可以改造中国的农村,将农民引到革命的洪流当中,进而实现革命的胜利。④ 因

---

① 参见虞崇胜:《"人民民主专政"概念的历史考察》,载《党的文献》1999 年第 5 期。
② Karl W. Deutsh, Social Mobilization and Political Development, *American Political Science Review*, 55, September, 1961, p. 495. 转引自陈明明:《在革命与现代化之间》,载《复旦政治学评论(第一辑)》,上海辞书出版社 2002 年版,第 239 页。
③ 关于基础性权力与专制权力(Despotic Power)的更多论述,see Michael Mann, The Autonomous Power of the State: Its Origins, Mechanisms and Results, *European Journal of Sociology*, Vol. 25, 1984.
④ 即便是在新中国建立后的很长一段时间里,也还沿用运动的方式来调动尽可能多的社会资源实现国家治理的目的,参见冯仕政:《中国国家运动的形成与变异:基于政体的整体性解释》,载《开放时代》2011 年第 1 期。

为,在由国民党领导的革命实践中,占中国最大比重的农民没有被发动起来,占全国绝大部分地区的农村的改造根本就没有开始。毛泽东在《湖南农民运动考察报告》中就指出:"国民革命需要一个大的农村变动。辛亥革命没有这个变动,所以失败了。"[①]辛亥革命没有将全国人民整合起来,未能实现人民的基本权利,也未能实行土地改革,"三民主义"的实现遥遥无期。需要注意的是,阶级革命获得了最大程度的支持,使得其革命政策和路线获得了人民的支持,对改造农村和发动农民具有重要意义,这在某种意义上会被当做是"力"上面的考量。本文之所以将之构建为政治正当性,主要在于:正如我们在前面所说的那样,政治正当性指的是一种超越实力政治的权威建构,与此同时,在中国的国家建设的历史潮流中,政治正当性又需要考虑到历史的要求。辛亥革命之后的中国并没有完成真正的整合。

中国的农村从来就没有被中央政权真正控制过,一个能够将中国大部分领域改造成功的政党才算是真正完成了历史赋予的任务。同时,对人的改造也被提上了日程,仅仅通过军队获得战争的胜利并不足以表明政治正当性的流转,共产党通过对党员的吸纳、重新塑造,将一种全新的人的概念树立了起来。正如我们在前面说过的那样,当封建士绅不再在国家政治生活中发挥作用时,政党重新成为精英的集中地,而每个政党对其成员的塑造,就成为国家新人的最佳体现形式。国民党不仅无法控制行政与军事,甚至无法培育其党员的政党意识。"由于国民党长期以来所形成的组织功能障碍和内在积弊并没有得到很好的疏通和清除,战时党组织在量上的膨胀和扩张,不仅没有显示出党力的强健和壮大,相反却出现组织涣散与组织扩充同步增长的情形。"(第340页)抗战期间,国民党党员的数量激增,很多时候采取整批整批的入党形式,比如1939年3月,蒋介石曾要求全体官兵集体宣誓入党,抗战时期,国民党400多万的军人党员都是以集体入党的方式加入国民党的;甚至还出现了强制入党的事件(第349页)。这样发展出来的国民党党员,不仅没有任何对党的认同,反而败坏了国民党自身的形象。

相反,被共产党发展的先进分子都是骨干,"年轻的生产队长"的形象

[①] 毛泽东:《湖南农民运动考察报告》,载《毛泽东选集(第一卷)》,人民出版社1972年版,第16页。

则是共产党在农村所发展的重点人员。这些"积极分子"是被共产党培养出来的,他们是在接受了共产党的意识形态后才加入组织的。① 更为重要的是,共产党非常重视对党员的教育。如抗战时期刘少奇的《论共产党员的修养》是共产党教化其党员、保持其先进性教育的开端。抗战爆发后,涌向革命圣地延安的许多青年都加入了共产党,驳杂的思想使得党内思想变得混杂,这是刘少奇思考的起因,并由此提出"共产党员要在同反革命进行各方面的斗争中来改造自己"。② 这篇文章后来在 1939 年八九月间发表在《解放》周刊上,对共产党的党员发展和培养工作起到了非常重要的教育意义,对自己的改造始终是共产党员修养教育的关键。这样我们就会发现,正是共产党对党员身份的重视,塑造了真正的新人。

另外,只有将农村引入政治的范畴,并将农民进行改造,阶级革命之下才可以真正实现平等的诉求。阶级的身份不是固定的,而是会随着经济地位的变化而变化,马克思主义将阶级斗争引入政治讨论中,使得斗争变得激烈和彻底,每一次以阶级为名开展的斗争都会使得社会更加齐平化。只要这个社会中存在着差别,一旦我们将这种差别用阶级或者阶层表达出来的时候,在中国这样一个受马克思主义以及社会革命传统洗礼的国度,就会带来进一步改革或者革命的诉求,改变这些阶层的存在会使得社会更加和谐与平等。这样推论的极端化就是,整个社会陷入不断改革的漩涡,一次又一次的齐平化使得社会趋向真正的平等。平等主义在中国的兴盛,某种程度上与共产党的阶级理论密不可分。

四、"告别(阶级)革命"后的政治正当性?

尽管组织涣散并非国民党政权瓦解的唯一原因,也可能不是最主要的原因③,但是"组织涣散导致国民党失败"的印象通过王教授的著作被强化了。笔者从王教授类似主题的另一部力作中发现,这一倾向并非独立的现象。在《革命与反革命:社会文化视野下的民国政治》中,王教授对

---

① 参见强世功:《法制与治理:国家转型中的法律》,中国政法大学出版社 2003 年版,第 62—63 页。
② 刘少奇:《论共产党员的修养》(1939 年 7 月),载 http://www.people.com.cn/GB/shizheng/8198/30513/30515/33955/2524494.html,最后访问时间:2016 年 3 月 1 日。
③ "国共的成败是非常复杂的,很难用一个单一因素去解释。"参见王奇生等:《中国革命的内因与外因》,载《社会科学论坛》2010 年第 22 期。

"革命"如何被神圣化的过程做了描述,在各党争夺对"革命"的定义权的斗争中,共产党最终获得了胜利。但共产党为什么最终获得了对这一词汇的定义权,王教授却没有很多的论述。《革命与反革命》的主体部分在于对国民党的党务不力、国民党对军队的控制力不足,以及国民党政权的基层渗透力不强等描述:

> 三党唯己独革、唯己最革的内在逻辑和策略考量,将"革命"与"反革命"建构成一种圣与魔、善与恶、正义与非正义的两极对峙,并借助武力和符号暴力,以不择手段的方式来削弱对方,乃至剥夺对方存在的合法性,最终激变为你死我活的血腥屠杀和军事较量。①

上述引文中突出的是一种实力政治的进路,"武力""暴力""血腥屠杀""军事较量"等字眼,无不给我们勾画出一幅三大政党钩心斗角、不择手段的场面,而共产党的取胜仿佛也是因为军事实力的优势。我们固然不可否认后期共产党军队的战斗力上的优势,但是由弱变强的易位显然不仅仅是组织上面的原因。历史学研究当然可以从组织方面这样的角度入手分析,这是一种具有解释力的内在视角,但是本文需要提醒大家注意的是,不可以忘记政党竞争背后的政治正当性问题。本文认为,在组织视角之外,还必须要看到实力政治背后的正义性问题,这正是笔者所强调的实力政治之外道义正当性的实质所指。②

在国共的党际竞争中,国民党的失败除了王教授在著作中揭示的组织原因外,更应该看到政治正当性问题,共产党与国民党对整个现代中国的想象是不同的。在阶级革命理论下,共产党可以将农村带入改造之中来,也将最大多数的底层人民调动起来,由此调动了最大限度的力量来建设一个现代的国家。如果将讨论的重点全部放在组织问题上,必然是舍本逐末和忽略了共产党自身的独特性和先进性的。揭示中性的实力政治分析背后的道义性,是理解历史的关键,也是回应当下问题的必须。为什

---

① 王奇生:《革命与反革命:社会文化视野下的民国政治》,社会科学文献出版社 2010 年版,第 100—101 页。
② "力"与"道义"进路在国际关系的研究传统中表现得也非常明显,现实主义和理性主义论证一直是国际政治研究领域中最具有代表性的研究传统,参见时殷弘、叶凤丽:《现实主义·理性主义·革命主义——国际关系思想传统及其当代典型表现》,载《欧洲》1995 年第 3 期;秦亚青:《新现实主义和新自由主义:从论争到趋同——第三次国际关系学理辩论的终结》,载《国际论坛》2001 年第 3 期。

么一本历史学著作可能会对政治正当性的问题视而不见,而将最大的笔墨放在对政党的组织系统的论证上?

作为20世纪中国的最核心的词汇之一,"革命"是20世纪中国的一面旗帜,也是正当性的重要来源。① 革命也是国共两党诉诸正当性的重要词汇。共产党从革命党成为执政党,再到长期执政的党,使得共产党对执政合法性的论述也经历了几次重大的变化。在革命和新中国建设早期,主要是诉诸历史、勾画未来蓝图,历史和人民都选择了中国共产党:因为共产党带领亿万人民推翻了"三座大山"的压迫,建立了新中国,这样就自然具有了统治的合法性。共产党执政还指向一个光明的未来,那就是无限美好的共产主义社会。无产阶级政权是最具有正当性的,从理论上来说,"文革"是最具革命精神的运动,"文革"不仅要从经济上确立无产阶级的领导,还要在思想上实现无产阶级的专政,"尽管'文化大革命'被评判为'不是任何社会进步意义上的革命',但是谁能否认它不是革命式现代化合乎逻辑的结果呢?"②

粉碎"四人帮"之后,"文革"的理论和实践都遭到了彻底的否定,尤其是1981年的"历史决议",认为"毛泽东同志在关于社会主义社会阶级斗争的理论和实践上的错误发展得越来越严重"和其他原因导致了"文化大革命"的发生,阶级斗争(扩大化)从此被批判。③ 党的十一届三中全会后,大家明确否定了"文化大革命"及其前一段时期的阶级斗争为纲的主张。历史学界认为,中国近代史不宜再以阶级和阶级斗争为主线。④ 尤其是"苏东事变"后,国际上自由民主政体的话语强势,进一步削弱了国内

---

① 能够与"革命"相提并论的估计也只有"现代化"了,随着改革开放后"告别革命"以及相关讨论,统合"革命"与"现代化"成为一种重要的学术任务。参见陈明明:《在革命与现代化之间》,载《复旦政治学评论(第一辑)》,上海辞书出版社2002年版,第226页。这两种进路的张力在近代史研究中显得更为突出,参见周东华:《正确对待中国近代史研究的"现代化范式"和"革命范式"——与吴剑杰、龚书铎等先生商榷》,载《社会科学论坛》2005年第5期。

② 陈明明:《在革命与现代化之间》,载《复旦政治学评论(第一辑)》,上海辞书出版社2002年版,第250页。

③ 《关于建国以来党的若干历史问题的决议》(1981年6月27日中国共产党第十一届中央委员会第六次全体会议一致通过),载http://cpc.people.com.cn/GB/64162/64168/64563/65374/4526448.html,最后访问时间:2016年3月1日。

④ 这是胡绳的判断,转引自周东华:《正确对待中国近代史研究的"现代化范式"和"革命范式"——与吴剑杰、龚书铎等先生商榷》,载《社会科学论坛》2005年第5期。法学研究中也遭遇了这种政治的隐退,参见邵六益:《迈向新政法法学:法律社会学发展的知识反思》,未刊稿。

意识形态工作的传统基础。① "告别革命"成为学术界很多人的"共识"②，近代史研究也经历了从革命范式到现代化范式的转换。尽管很难得出结论说王教授不理解中共的阶级斗争的逻辑③，但是《党员、党权与党争》给人留下的印象主要在于组织形态上，这不知道是王教授的疏忽，还是全书组织的原因，抑或是大部分读者（有意或者无意）的误读？

［王奇生：《党员、党权与党争：1924—1949 年中国国民党的组织形态（修订增补本）》，华文出版社 2010 年版。］

---

① 福山的"历史终结论"对很多人产生了重要影响，参见〔美〕弗兰西斯·福山：《历史的终结及其最后之人》，黄胜强、许铭原译，中国社会科学出版社 2003 年版。
② 围绕着"告别革命"展开了许多争论，参见李泽厚、刘再复：《告别革命：回望二十世纪中国（第五版）》，香港天地图书有限公司 2004 年版，这一版在书后也附有相关的学术争论。
③ 参见王奇生等：《中国革命的内因与外因》，载《社会科学论坛》2010 年第 22 期；王奇生：《高山滚石：20 世纪中国革命的连续性与递进》，载《华中师范大学学报（人文社会科学版）》2013 年第 5 期。

陀思妥耶夫斯基的《罪与罚》中面对法律规则的困境

盛铀钧*

"某日,我在某电视节目里听到一句话:成功的人都是善于制定规则的。这话在当时我的心里引起了强烈的共鸣。"①这句话出现在"复旦投毒案"林森浩二审前的最后陈述书上,不禁让人想起陀思妥耶夫斯基《罪与罚》的主人公拉斯科利尼科夫,他在犯罪之前也有过类似的心理活动。可见所谓"反叛者",他们的出发点都是将个人的不幸归罪于规则,以此作为违反规则的借口,并且试图通过违反规则来推翻规则。

但是正如汉娜·阿伦特所言,"受伤害的人梦想使用暴力,而受压迫的人'每天至少梦想一次'自己站到了压迫者的位置上",本是人之常情,就像书中的卢任,一朝飞黄腾达便反过来压榨曾经自己也曾经归属的阶层。但是陀氏显然没有将自己的人物仅仅局限在这样的境界,拉斯科利尼科夫自身作为一个肄业的法学生,他的思考从反省自身处境到推己及人的关怀,最后到对于自身价值与整个社会秩序的重新定义。他的目的不仅在于破坏,而且在于建立起新的法律秩序,然而最终却陷入了一个自我束缚的困境。

---

* 南开大学法学院 2014 级本科生。

① 新浪新闻,载 http://news.sina.com.cn/c/2014-12-14/092631283168.shtml,最后访问时间:2014 年 12 月 14 日。

一、有关应然法的构想与"罪"的判断

(一) 法律创建的正当性与证成性

法律规则的实现需要依赖于权力存在的基础,因而从规则的来源看来,也应当是正当性和证成性兼具的概念。[①] 长久以来,无论是政治哲学还是法理方面,对于正当性和证成性的区分度都是有限的,在许多政治学家的论著中都能够看到二者混用的情况。但由于截然不同的概念与性质,实际上二者所提出的要求各不相同,只有兼具才能够实现法律创建过程,即此时无论是从其发展的进路即历史沿革(正当性的考量),还是从道德或审慎理性(证成性的考量)都不违背要求,否则就有接受规定后果的天然义务。既然拉斯科利尼科夫想要自己创造规则,首先就要从证伪现存法律的两种基本属性开始,同时说明自身所提出的规则符合这两个要求。

当团体开始聚集,形成一定规模之后就天然地要求规则创建。在此过程中,无论采用何种方式,其必然的外在表现是获得团体中个体的实际认可,才能被认为是正当的规则。此时最重要的问题就是获取规则的方式:究竟何种才是最好的选择?或者像拉斯科利尼科夫所提出的那样更加尖锐具体:为何掌握立法大权的多数是拿破仑们而非我们?

而当规则一旦制成,接下来又将面临的问题是:证成性需要的是不同于正当性的价值衡量,这更多地涉及一般所认为的自然法原则,或者是此阶段内人们需要怎样一种法律为之服务以及现有法律能否达到这一标准。同正当性的评判标准一样,人们确定一个法律是否证成,对评价标准也会产生分歧。

一般情况下,只有当人们开始感觉到规则不符合一般的价值观时,才

[①] 依据汉娜·阿伦特的权力观,正当性与证成性的区别在于自身是否设定了目的。权力的正当性注重的是其来源和谱系,考察自身"发展的进路",是一个"回溯性"的概念;而证成性注重的是权力的效用和达成的目的,即从"目的的进路"去实现对于权力的价值判断,是一个"前瞻性"的概念。持类似观点的还有戴维·史密茨,但是他并未将证成性和正当性做出明确的区分,而是归纳出了"目的的证成"和"发展的证成"。但是显然,权力在不曾使用时不会产生有关证成性的判断,但是对于法律规则而言,由于其本身就是利用权力为基础制定出来的,因而无论是否投入实践中,其本身就已经蕴含了权力对于目的的具体要求,或者可以说,其本身也是为了实现权力所要达到的某种目的而存在的。参见[美]汉娜·阿伦特:《共和的危机》,郑辟瑞译,上海人民出版社2013年版;周濂:《现代政治的正当性基础》,生活·读书·新知三联书店2008年版。

会去进一步追问为何会产生如此不合理的法律,否则即使就是创造此规则的权力来路不正,却能够从道德上或者理性上给人一种满足感,那么这个法律极有可能会被大多数认可。相反,即便是规则由名正言顺的权力者颁布,只要触及到某些底线,可能整个政权的正当性都会遭到质疑,遑论规则本身。因而往往是证成性能够给人更加直观的感受,而拉斯科利尼科夫的认知过程也无例外。当然在陀氏的书中重点在于刻画出当时法律对于底层基本生存状况的漠视与压迫,但是能够体会出实际上其矛头暗指整个统治阶层,甚至是整个资本主义世界的正当性。

(二)自然法理论与实证主义的理想状态

陀氏将自身对于抽象法律规则的理解带入到了拉斯科利尼科夫身上,指导着他的一举一动。这种信念与在现实中拯救更多人的虚幻希望共同鼓动他去完成自己的计划,可以看到,第一章中主人公是以一种虽然犹豫却有条不紊的节奏完成了他的罪责的。但对于法律制度的期望在书中是模糊的,偶尔影影绰绰闪现,也很快被主人公的阴郁、惶恐、冷漠等负面情绪淹没。然而他所反对的——对生命尊重的缺乏与对金钱的极端攫取,上层人士的鱼龙混杂、腐朽败落——恰从侧面表明了对于证成与正当的追求。

证成性与正当性的问题转移到法学理论的两大基本阵营,可以基本上认为是自然法与实证法二者的倾向。前者强调法律自身存在一种无关其产生进路的原则,符合这种原则的法律都需要被遵守;而后者则不承认先在的规则,只认可正当的统治者所颁布的法律。虽然强调的重点不同,但并不代表二者不可兼得,更不是说二者天然地应当对立,实际上应然的法律需要同时满足证成性和正当性两方面的要求。

"法律实证主义者认为,法律是在社会发展的历史过程中由统治者制定的。这种观点认为,法律仅仅是统治者所命令的东西,而基于这种条件,统治者所命令的任何东西也就是法律。"[①]在纯粹的实证主义者的眼中,对证成性的判断是一个相对盲区,或者将正当性与证成性混为一谈,于他们而言,研究的立足点在于国家业已确立的法律规范。但是统治者的命令不可能毫无现实根基地产生,其必然也是要体现出统治者个人的

---

① Julius Moor,"Das Problem des Naturrechts", 28 Archiv für Rechts-und Wirtschaftsphilosophie 331(1935),转引自〔美〕埃德加·博登海默《法理学:法哲学与法律方法》,邓正来译,中国政法大学出版社2004年版,第122页。

价值判断。由此看来,想要摆脱某些伦理性的判断是不现实的,即使不去研究,这些价值也是客观存在于法律中并且深深影响了法律制度的——最重要的是,即便是统治者具有完全的正当性,一旦大部分人感觉到他的规则在证成方面与人们所期待的出现了较大偏差,人们完全可以起而推翻这个政权。原有政权的正当性就此因为证成性被否决,虽然其发生概率很小,却往往是法律甚至是整个社会得以进步的重要契机。由此可以看出,实证完全有可能被人们心中的自然法原则与信念推翻。缺少了证成性的辅助,统治都有可能颠覆,更何谈依附于其下所建立的实证的法律。

与之相对应的,自然法所提倡的是对先在于法律的伦理道德的尊崇,他们肯定道德理性能够为逻辑理性所认知,从而构成法律规则的基本公理,然后通过这些公理就能够建立起一个严密的法律体系。但同样,霍布斯认为,"在正义和不正义等名称出现以前,就必须有某种强制的权力存在"[①],无论是看起来多么普适的理论都需要一种强制的权力作为支持,否则抽象正义实际上并无任何约束性,也就不能成为真正的法律规则。若仅凭自主自觉的信仰,那么正义本身的多义性就必然会导致其难以形成统一秩序,最终法律难以实现其价值,那么其证成性就毫无用处了。

由此,我们可以看出,真正的理想状态乃是正当的权威与普遍认可的原则相互作用、相互保障。此时犯罪者绝无办法以逻辑推理或者道德质疑打破规则秩序。然而,二者只有在阶层对阶层间规则的颠覆时才能紧密结合。也就是当彻底的革命爆发,此时也只有证成的规则能够证明其行为的正当性。但在经过一段时间后,某种制度及其相应规则渐趋稳定,实然法与自然法的分离在所难免:一方面如前面所论述,无论是正当性还是证成性,其判断标准都不是唯一的,多数原则只是为了调和这种矛盾所能做到的极致妥协;而另一方面,正当性和证成性的价值内涵会随着时代而变化,这种更替是无可避免的。就是这种双向的变动,从根本上使得普通民众将规则的不断翻新看做是理所当然,最后只得顾及表象却下意识忽略了其真正意义所在,总觉得要么是正当压倒了证成,要么是权威被正义推翻,从而最终导致二者虽然实质难以分离,形式上却早已对立地水深火热。

---

① 〔英〕霍布斯:《利维坦》,黎思复、黎廷弼译,商务印书馆1985年版,第109页。

另外,也有一些学者将这种悖论视作天然形成,颇有一种"上帝的归上帝,恺撒的归恺撒"的公平感。比如贝卡利亚所认为的三种法相分离,即神明启迪、自然法则和社会的人拟契约。① 虽然其初衷并非刻意分离二者,却从实际上为苦难的制造找到了法律上的理由,而使得社会呈现出一种"贫穷让男子潦倒,饥饿使妇女堕落,黑暗使儿童羸弱"的状态。

在本书中,拉斯科利尼科夫以敏锐的观察以及所切身体会到的法律规则不合理的压迫与剥削,由此开始质疑法律的证成性,在不断感受一些法律的冷漠与荒诞和同自己的内心做斗争后,进一步无可抑制地毁灭了对于社会体制的认同感。正是这个过程使拉斯科利尼科夫从认识形形色色具体"罪"到总结社会的病态,进而走向自己实施与当时法律相抵触的"罪"。

二、证成性的验证与"罚"

正如前文所述,证成的法律在本质上作为道德的规则化,并不能达到绝对纯粹的无懈可击,只有与强制力相结合方能保证其稳定。从另一个角度看,这实际上意味着证成的内涵只是归属于个人的,每个人都有主观的证成的法,在这个过程中唯一起作用的,就是个人的态度。"印度的武士之鄙视涅槃,一如条顿人之讥笑着回荡着天使歌声的基督教天堂"②,虽然判断标准多元,但是一旦认定了某种理念,其他的一切都会或多或少地与之不容甚至对立。

拉斯科利尼科夫想要确立某种规则,最主要的就是自身要坚定地信仰它,并且与其他一切原则决裂。但在此过程中,多元的价值判断开始发挥作用,没有了任何强制力,无论对人对己都无约束,那么颠覆道德取向时内心的煎熬就是最大的"罚"。

(一)正义判断标准的多元性

仅仅从杀人是否正义的角度来讲,文本中体现的是一种模糊的善恶论。拉斯科利尼科夫在内心中纠结时,分析了两层含义上的正义:首先,为了正义目的杀人是不是正义;进一步论,杀死恶人是不是正义。前者是

---

① 参见〔意〕贝卡利亚:《论犯罪与刑罚》,黄风译,北京大学出版社 2008 年版,第 2 页。
② 〔德〕马克斯·韦伯:《学术与政治》,冯克利译,生活·读书·新知三联书店 2013 年版,第 111 页。

对于行为的定性,后者则是对于人性价值的思考。

1. 违反规则的动机与其证成性

在书中,拉斯科利尼科夫对于杀人的动机有着充分的论证:"为的是往后利用她的钱为全人类服务,为大众谋福利,死一个人,活百条命,这是算术。"

从经济学角度来讲,这显然是笔划算的交易。无论从公众福祉,或是社会正义,拉斯科利尼科夫都考虑到并且打算加以维护。如果法律的目的仅仅是为了实现最大多数人的最大限度的幸福,在此案形成的过程中,他所做的事情是符合真正的法律内在精神的,只是法律难以实现其对于这个小社会的救济,所以拉斯科利尼科夫选择了自行解决。但是将此个案放到宏观视角看,虽然实现了对于更多权利的救济,但是破坏的则是法律的威严,而这种不可复制的个案经验一旦失效,法律又难以实行其道,更大多数人的幸福将难以保障。如果将这种多数的矛盾推向极致,假设法律保护每个人的利益,那么显然作恶的高利贷老妇人受到保护,则受其剥削的人们难免被侵犯,显然也是有悖法律初衷的,那么此时无论如何,正义的天平都难以做到不偏不倚。

2. 人性价值评判与法律规则的遵守

在决定杀人的拉斯科利尼科夫心里,放高利贷的老妇人是"虱子",是"蟑螂",是社会害虫,他不承认老妇人作为"人"的一切权利。在这里,"人"的外延实际上已经被所谓的"正义"判断割裂了。虽然,主人公丝毫不怀疑最基本的原则——杀人是罪,只是他将人的范围缩小了许多。但在他真正实施之后,对于人最原初或者最主要是人作为一个有意识的独立个体的界定折磨他,让他感觉自己与整个社会都是隔离的,似乎他的母亲与妹妹、好朋友拉祖米欣对于他是遥不可及的。

此时的他意识到:无可置疑地,恶人也是人,而非他说的"虱子",他的那套理论不过是将人物化的一个借口罢了。因此,他最初的想法实际上是背叛了他自己所要帮助的阶层,他意识到自己同平日所憎恶的卢任、阿廖娜没有区别,都是妄将人当做一种手段,虽然他们的目的不同,但是一样恶劣到主人公对于自己都有一种厌弃了。

在这个煎熬的过程中,我们可以得出一个更加深入的结论,即将个人对于他人的善恶判断作为剥夺其权利的理由是难以立足的,因为个人的判断能力是受到局限的,而且极其多变。进一步来讲,所谓善恶实际上只是遭受老妇人剥削的一些人给予的评价,更多并没有深入接触老妇人的旁观者,对于她的认识不过是"人"一个字而已。但是在这种情况下,社会中一切有关人性的善恶边界都开始模糊起来,并且直接导致了刑法中所谓"否定性"判断的难产,对于每一个个体的判断都是有待商榷的。

若将疑问指向某个群体、某个种族,甚至是某个人种时,这个问题简单异常。法国当年的德雷福斯事件,"'犹太人该死'的呼声响彻全国","警察与暴民公然同谋"①;到后来的第三帝国"万湖会议"产生的所谓"犹太人最后解决方案",这些行为虽然在一定时间内得到了一定的认可,但一旦经过理智地推敲,非常轻易就能认定这种行为是反人类、绝对有罪的,因为并非所有犹太人都是剥削者、有罪者,而类似"索多玛毁灭"的"团体罪责"在现代社会已经不适用,因此这种以大量的无辜抵罪是不可取的。②

但再将视角缩小到个人,是否个人的善恶也是部分性而非整体性的概念呢?如果是,那我们又有何理由对于作为整体性的个人加以处罚?除了用来评价借高利贷的老妇,即使对于拉斯科利尼科夫,评判标准也是摇摆的。他对索尼娅一家慷慨解囊,为保护素不相识的小女孩将巨款给警察……这一切的善行,就因一次杀人行为,将其整个人进行否定性评价,又是否公平呢?同时作为空间维度的人还要接受时间纵深的考验,那么是否只有一生度过之后才能盖棺定论?刑法上因果论的存在是建立在单纯针对罪责这一问题上的,但是刑法一旦发生否定性评价,针对的却是人横向纵向的整体。而那种永远难以实现的绝对正义只存在于假设中,而给了"走得更远"的人们对于制度的架构的质疑。当然个人是技术上接受惩罚的不可再分的单位,被自身现实能力局限的法律让社会在决裂的

---

① 〔美〕汉娜·阿伦特:《极权主义的起源》,林骧华译,生活·读书·新知三联书店2008年版,第167页。

② 有关集体罪责,据冯象论述,在《圣经》中所记载的故事体现着团体中的个体没有"独立'无辜'的资格"的原则,但他所陈述的这种罪责背负是出于自愿的道德情感。而对于这个问题,汉娜·阿伦特从另一个角度阐释,她主要针对当时"二战"后德国普遍存在的集体罪责的心理指出:"哪里所有人都有罪,哪里就没有人有罪。"因而"幸运的是,在社会中仍存在一个机构,在那里根本不可能消除个人责任,在那里所有对于非具体的、抽象的本性……在那里被判断的不是体系、潮流或原罪,而是像你我这样有血有肉的人……"显然,在面对道德绑架式的集体罪责,个人责任自负无疑是一个进步。详见冯象:《政法笔记》,北京大学出版社2012年版,第107—118页;〔美〕汉娜·阿伦特:《反抗"平庸之恶"》,〔美〕杰罗姆·科恩编,陈联营译,上海人民出版社2014年版,第51—53页。

秩序和正义中择一,现实中法律实际上偏向了稳定的一边,但是有关人的善恶本性的鉴定并非像刑罚所能企及的那样简单。

(二) 创造法律的原罪与"罚"

拉斯科利尼科夫宣扬,"人类的立法者、规章制度的创立者都是罪犯,唯一的原因在于,他们在制定新法规的同时,也就破坏了世所公认的、神圣不可侵犯的、代代相传的古老法规",只不过这些真正的英雄关注的视野范围更加广泛。这就意味着,总有人要做罪犯,彻底推翻规则。既然如此,他同样也可以基于与立法者相同的目的,制造出属于自己的法规,获得他心目中真正的正义。

但是,他挣脱不了原有价值中最为基本的原则——尊重人性的约束,因而他在最后选择了投案自首。但这并非是对原有全部价值的妥协,他仍然坚持认为规则应当改变,应当为了维护下层的人民,至少要让他们吃饱喝足,不受冻馁之苦。这是他未曾沦落到同另外一群人——正是那些人借现有规则的名义戕害了像拉斯科利尼科夫、索尼娅等下层人民而毫无愧疚感——一样的原因;而他又不愿放弃保护任何一个人之为人的基本权利,他的投案更像是在那个连反抗也不能的世界的垂死挣扎。因而在陀氏的认知中,拉斯科利尼科夫很强大,并非像他自己所认定的那样是软弱驱使着他放弃信念,而恰是因为他一直没有忘却自己的初衷,为了追求自己所认为的那份公平正义,这种"自首是不得不然的"。

而这最后就形成了一个悖论:一个具有证成性的规则想要改变现有的状态,就首先要去违背自身的原则去推翻原有的法律,那么其本身的证成性在这个过程中也被破坏殆尽。由此看来,先在于正当性的证成性是不存在的,对于弱者而言,出路也就只有像拉斯科利尼科夫一样最终笃信宗教,放弃这个不平等的世界转而专心维持自己道德上的清白。

三、由阶层流动引发的对于正当性的质疑

主人公以其一己之力,从证成性的角度出发,证明了当时规则的不适当,却无法再凭一己之力改变这种状况,最根本的原因就是因为其缺乏天然的正当性。如果拉斯科利尼科夫成功地读完了大学并且谋得立法者的职位,那么他对于不当法律的修改是理所当然的;抑或他作为一个司法者,遇到了一个放高利贷者,通过对于法律的解释对其适用刑罚,也是能

够接受的。但是在当时的情况下,无论拉斯科利尼科夫的行为多么正义,他都没有行使正义的资格。

在现存一个正当政权的情况下,只有两种方法能够获得新的正当的规则:要么像上述假设一样,自身成为规则制定者的一员;要么就在足够数量的他人的认可之下推翻原有的统治,从而整体上构建新的法律。但是后者实际上并非易事,正当规则的内容实际非常有限,而且本身存在惯性,唯有内部从某些方面开始自我否定,才能够从外部被攻陷。

而当时的俄国社会,新规则的创设资源掌握在两类人手中:一是坐拥巨大资本者,二是世袭身份高贵者。但他们中的成员大多都是马克斯·韦伯所定义的"'靠'政治而生存"的人,本身的关注点就不在规则的内容而是它能够带来的利益;由于利益的冲突,相互之间更不是铁板一块,这实际上为真正的革命者做了充足的准备。

(一) 双向小幅流动对于法律规则的冲击

规则制定者所属的阶层与一般民众之间存在双向的流动,这种出入的动态加大了法律规则所要求的稳定社会生态的保持难度,也就无可避免地带来支离破碎的冲击与摩擦。越到制度后期,这种变动就越会加速,最终千疮百孔的阶层随同规则大厦一起倒塌。

在当时的俄国,规则最初的创制者已经更新换代许多次,最终停留在这个阶层的,不过是些既得利益的盲从者,其自身只能是某种统治(并不限于特定种类)的附庸,对于现存规则毫无信仰的他们日常中利用规则进行各种获益,不能获益时就利用规则的漏洞和自己作为规则制定者的身份进行破坏。他们不会去追究利益在根本上从哪里获得,规则制定的根本依据又是什么,而是理所当然地将既得的看做应当,一旦既得遭受损害,他们就会开始指责现有的制度并不能带给他们真正的幸福。

譬如本书中卡捷琳娜·伊万诺夫娜在衣香鬓影的舞会上得到市长奖状的时候,绝对不会想到要去质疑社会制定的法律体系,因为她体会到的是现有秩序带来的益处,甚至也不会想到是这种表面光鲜实质污浊的制度给了她最实际的好处。而在她穷困潦倒之时,她感受到的是自己利益的被侵犯、权利的被剥夺,于是又发出了这样的呼喊:"世界上还有法律和正义,肯定有,我一定会找到!"自身阶层地位的下滑促使她开始反思、质疑,但是即便是反思,她的头脑中也只有黑白分明的价值判断,即能为自己带来好处的就是正义。在她看来,自己一生行善所应得的就是"主"(即在她精神世界中的绝对公正)对于自己既得的保护,却并不去思考自己利益的取得从根本上是否有过不公、欺凌、压迫,因而她最终还是在利益的得失中迷惑。

实际上小幅度的流动本身并不会给规则以致命的打击,更多只是起到了催化作用,或者给阶层内部的人提供抽身思考的机会,反倒是守护规则者因为利益的变动而反戈一击,给了规则万分爱惜的威严一记响亮的耳光。此时的规则已不再是法典上明文所写的内容,而是弱肉强食的丛林法则。不止如此,这种茫然说明了此时的统治内部根基是不稳固的,甚至并不需要外部新型的思想进路就可以破坏它,因为其自身的进路并未被维护者所思考过。

同样,类似卢任这种依靠自身钻营上升的阶层并不在少数,他们知道利益获得过程的艰辛,就会变本加厉地不择手段加以维护,同时也充分地滥用特权,譬如卢任与拉斯科利尼科夫的妹妹缔结不平等的婚约。向上流动的人群并没有因为他们自身的出处而对于现有进路进行反思、改制,而是无疑在大多数情况下加速了整体生态的恶化。

对于这种统治,可以使用一个更加精确的词语界定:群氓。费希特在此方面有着精确的描述:"大众(群氓)是建立在纯粹自己立场上的无知基础上的,他不知道还有其他立场,没有对立面,而所有的差别只有在这些对立面中才能形成。"① 这种状态并不仅限于他们对于自己处境的无知,显然一个对于自己缺乏清醒认识的人也难以对于周围的环境做出及时判断,遑论有价值的行动。他们不仅不能加固自身作为规则创制者的正当性,反而要不断损耗着前期的积累,最终只能归于消灭。

单独的沦落虽然对于个体是沉重打击,却并不能获得内部的关注与同情,那么相应的,分散的倒戈在宏观上也就并不能引起警惕。而同样,人们可能对于所谓阶层内的"后起之秀"存在一定的兴趣,但是这种好奇会在后来的利益冲突或结合中迅速转变为某一种感情倾向,并且这种情绪会随着相互的利益变动而改变。

在现实中,规则制定阶层的内部并没有形成像卢梭设想的社会公约中那样的彼此互助,至于阶层流动本身,他们并不在意这些个体取得资格

---

① 〔德〕费希特:《国家学术——或关于原初国家与理性王国的关系》,潘德荣译,中国法制出版社 2010 年版,第 26 页。

是否合乎某种既定程序,他们对内部秩序与人员流动同样漠视。这是由于内部成员之间利益的不完全对等,也不可能完全对等,从而导致与公约的另一重要条件"义务"存在失衡。① 无论什么样的时代,主权者的组成实际上并不可能被绑定为完整的"全部",因为仅有存在严重倾斜的利益保证并不是稳固的,甚至是岌岌可危的,内部的倾轧、命运的嬗变实际上很容易摧毁这个脆弱的上层结构。

虽然这种流动是较为缓慢的,但是由于法律规则从制定到呈现实效同样也存在间隙,还要依赖于长期的社会整体氛围,因此,法律规则与阶层流动双方都在一种水滴石穿的状态下胶着。这种潜移默化式的变化,实际上是相互影响的,最后的结果是法律规则在不知不觉中已经偏离了原有的方向,或早或晚地适应其社会精神的变迁。而漠视的态度显然不利于此种方向的调控,那么"乱自内生,败由己取"也是显而易见的结果了。

另一方面,人员流动之后,规则的调整从直接上还是来自阶层内部的,给人制造了一种一切在掌控之内的假象。而且,很多时候个人的力量毕竟有限,产生的冲击力也是微乎其微的,渐进性的变化往往也不易察觉,这实际上形成了另一层的麻痹,使得内部疏于监管,那么这种无方向的冲撞对于精密规则的改造可能是原则性的致命错误。

(二) 规则制定阶层的更替

在这种不断流动的过程中,其大体趋势是一种消极的沉沦,即所谓"英俊沉下僚"。在《罪与罚》中体现的,从浅层次讲,就是拉斯科利尼科夫发现向上层流动的可能性越来越小,而却有越来越多的善良的上层人堕落到下层(如他在路上遇到的那个衣着精致却险遭强暴的小姑娘,索尼娅一家等);上层自身的素质在这种不良转换中,已经不具备实现正当性的权威,更不要说实现自身对于法律规则的改进,上层正在走向自我覆灭中。而同时卢任与斯维德里盖洛们道貌岸然却保持如此地位,并且这种地位随着他们自身对于规则的不断蛀毁而不断稳固。

陀思妥耶夫斯基想要反映的实际上就是那样一种社会现状,在那个世界里,视规则如草芥的恰恰是制定出这些规则者本身,而维护法律与正

---

① 参见〔法〕卢梭:《社会契约论》(第一卷)第七章《论主权者》,何兆武译,商务印书馆2002年版,第22—25页。

义的人最终没有好报,最重要的是没有合乎正当的途径可以改变这种状况。随着这部分统治渐渐失势,即便是统治内部想要做出调整,然而"刑乱国用重典"在一定程度上不过是饮鸩止渴,反而极有可能因此彻底地进行反抗。中国每朝每代几乎都是这样结束,如汉末"桓帝之初,天下童谣曰:'小麦青青大麦枯,谁当获者妇与姑。丈人何在西击胡,吏买马,君具车,请为诸君鼓咙胡。'……请为诸君鼓咙胡者,不敢公言,私咽语"。① 在这种不断压迫之下,最终的结果是接踵而来的以黄巾起义为首的一系列反抗战争。

拉斯科利尼科夫先于他人察觉到了当时社会规则自我破坏与否定的倾向,却无力推进,这是整个社会的罪责,最终却让这样一位看似羸弱的青年承受了他本不该承受的内心自我惩罚与原有规则施与他的刑罚,他的先知先觉为他自己戴上了枷锁。

四、罪与罚的启示

拉斯科利尼科夫对于当时的境况有着超人一步的敏感,他在混乱的状况下不断地追问,虽然最终找到了答案却没有能力改变,为了避免自己更加远离初衷,最终选择了投案。对于法律规则太过清醒的认识不停地折磨着他,将背叛、恐惧、隔膜混杂的绝望呈现在他面前。面对现状,陀氏选择的是"既然事情最终如此安排,我既承当起诉人角色又承当担保人角色,既承当被告的角色又承当法官的角色""我以起诉人和担保人、法官和被告无可争议的身份,谴责这种自然,因为自然恬不知耻地随随便便让我生出来受苦——我判处自然与我同归虚无"。② 正因如此,陀氏为主人公安排了皈依宗教的最终结局,让他不再困扰于人世规则。而同样的理念在其作品《群魔》中表现得更加明显,主人公以更加极端的自杀方式成为了自己永久的神祇。

之所以有这样的安排,终究是因为人们要生活,不可能总是通过无尽的否定来获得幸福。法律规则存在的价值,不在于有朝一日它会被更加先进的法律甚至是无法律的状态所取代,而在于它对于目前状况的维持。

---

① 范晔:《后汉书》,中华书局 1965 年版,第 3281 页。
② 〔俄〕陀思妥耶夫斯基:《作家日记》,1879 年版,第 359 页,转引自〔法〕阿尔贝·加缪:《西西弗神话》,沈志明译,上海译文出版社 2010 年版,第 102 页。

并非规则一旦产生就不应当更改,只是说在无能力更改时选择继续尊重原有规则。现实生活中有鲜少的人会以自身的消逝作为对一些荒唐规则的报复,并非缺少勇气,而正是对于生活热爱的勇气超过了单纯推翻一切的莽撞热火。在直面规则中的一切淋漓的真相后,真的勇士会继续用温情拥抱这个世界。无论规则多么恶毒冷酷,无论生活存在多少荒诞可笑,有人以身反抗,但"世界照旧转动其盲目的希望"。[1] 因此在陀氏的最后著作《卡拉马佐夫兄弟》中,在与上帝进行了宏大搏斗后,阿廖沙回答孩子有关宗教中死后复活的问题时说:"当然,我们会重逢,会高高兴兴的交谈一切。"

而拉斯科利尼科夫作为一个不朽的形象,其价值不仅仅在于坚持自己的良心并且尊重那个业已摇摇欲坠统治基础上的法律体系,更在于他在领悟这个生活的基本方式时所付出的挣扎与痛苦,以及在这个过程中体现出他的坚毅隐忍,罪与罚终究只是生活的一部分罢了。

([俄]陀思妥耶夫斯基:《罪与罚》,朱海观、王汶译,人民文学出版社2012年版;[法]安德烈·纪德,《关于陀思妥耶夫斯基的六次讲座》,余中先译,广西师范大学出版社2006年版。)

---

[1] [法]阿尔贝·加缪:《西西弗神话》,沈志明译,上海译文出版社2010年版,第107页。

《法律书评》稿约

　　《法律书评》由北大法治研究中心主办,苏力教授担任主编,目前每年出版一辑。本刊的主旨为"开放的批评与阅读",旨在弘扬和鼓励中国学术界尤其是法学界的学术批评,以及为关注学术与公共事务的法律人提供面向开放视野的兼具智识性与趣味性的多元化阅读。有鉴于此,本刊主编会同北大出版社立以下稿约,详细说明本刊用稿旨趣,向学界同道征稿:

　　1. 本刊所接受与刊发的稿件风格追求多元化,不拘泥于特定的形式。既鼓励系统性的深入论述,也同样欢迎短小精悍、一针见血的犀利评点;既立足于法学为基本视野,也关注法学之外的其他学科。

　　2. 本刊致力于提供一个尽可能自由的批评与交锋空间,鼓励有深度的学术批评而非简单的介绍性评论,尤其欢迎针对当代中国学术著作的犀利批评与深入解读,特别是年轻学者对上一代学人的批评。同时,并不局限于中国学界,同样欢迎对国外学术经典的诠释和新著的及时引介。

　　3. 在对于具体著作的学术评论之外,本刊还鼓励针对某一学术主题的多部著作的学术梳理与归纳、围绕重要著作展开的对话、与书相关的学术随笔,以及对于其他各类著作的法学视角分析。

　　4. 基于上述考虑,本刊根据讨论主题与用稿情况灵活设置栏目,投稿人在投稿时不必注明投稿栏目,本刊编辑委员会根据本刊宗旨及栏目的用稿品味在栏目间加以安排,并保留对拟采稿件进行文字性修改的权力。

　　5. 来稿要求未在任何公开出版物上发表,学术性书评来稿格式参见后附体例要求,也可参考本刊正文体例,字数不限。

　　6. 来稿仅接受电子版,请以 word 格式文件用附件 Email 至:lawbookreview@163.com。来稿请注明作者姓名,通信地址,所评论的书的名称、作者、译者、出版社和出版年份。

　　7. 本刊在一个月内对来稿做初步处理并以 Email 通知采用情况。对于采纳稿件,本刊向作者赠送同期刊物三册。

引征体例与范例

援用本刊规范

林海:《皮影戏——评苏力的〈法律与文学〉》,载《法律书评》(第 7 辑),北京大学出版社 2008 年版。

一般体例

1. 引征应能体现所援用文献、资料等的信息特点,能(1)与其他文献、资料等相区别;(2)能说明该文献、资料等的相关来源,方便读者查找。

2. 引征注释以页下脚注形式,每页重新编号。

3. 正文中出现一百字以上的引文,不必加注引号,直接将引文部分左边缩排两格,并使用楷体字予以区分。一百字以下引文,加注引号,直接放在正文中。

4. 直接引征不使用引导词或加引导词,间接性的带有作者的概括理解的,支持性或背景性的引用,可使用"参见""例如""例见""又见""参照"等;对立性引征的引导词为"相反""不同的见解,参见""但见"等。

5. 作者(包括编者、译者、机构作者等)为三人以上时,可仅列出第一人,使用"等"予以省略。

6. 引征二手文献、资料,需注明该原始文献资料的作者、标题,在其后注明"转引自"该援用的文献、资料等。

7. 引征信札、访谈、演讲、电影、电视、广播、录音、未刊稿等文献、资料等,在其后注明资料形成时间、地点或出品时间、出品机构等能显示其独立存在的特征。

8. 不提倡引证作者自己的未刊稿,除非是即将出版或已经在一定范围内公开的。

9. 引征网页应出自大型学术网站或新闻网站,由站方管理员添加设置的网页,并且有详细的可以直接确认定位到具体征引内容所在网页的 URL 链接地址。不提倡从 BBS、BLOG 等普通用户可以任意删改的网页中引证。

10. 引用作品之作者或编者等,需用六脚括号标注其国籍。

11. 英文以外作品的引征,从该文种的学术引征惯例,但须清楚可循。

12. 其他未尽事宜,参见本刊近期已刊登文章的处理办法。

引用例证
中文
1. 著作
朱慈蕴:《公司法人格否认法理研究》,法律出版社 1998 年版,第 32 页。
2. 译作
〔法〕孟德斯鸠:《论法的精神》(下册),张雁深译,商务印书馆 1963 年版,第 32 页。
3. 编辑(主编)作品
朱景文主编:《对西方法律传统的挑战——美国批判法律研究运动》,中国检察出版社 1996 年版,第 32 页。
4. 杂志/报刊
张维迎、柯荣住:《诉讼过程中的逆向选择及其解释——以契约纠纷的基层法院判决书为例的经验研究》,载《中国社会科学》2002 年第 2 期。
刘晓林:《行政许可法带给我们什么》,《人民日报》(海外版),2003 年 9 月 6 日,第 H 版。
5. 著作中的文章
宋格文:《天人之间:汉代的契约与国家》,李明德译,载高道蕴等主编:《美国学者论中国法律传统》,中国政法大学出版社 1994 年版,第 32 页。
6. 网上文献资料引征
梁戈:《评美国高教独立性存在与发展的历史条件》,http://www.edu.cn/20020318/3022829.shtml,最后访问日期:2008 年 8 月 1 日。
英文
1. 英文期刊文章(consecutively paginated journals)
Frank K. Upham, "Who Will Find the Defendant if He Stays with His Sheep? Justice in Rural China," *Yale Law Journal*, Vol. 114: 1675 (2005).
2. 文集中的文章(shorter works in collection)
Lars Anell, *Foreword*, in Daniel Gervais, *The TRIPS Agreement: Drafting History and Analysis*, London Sweet & Maxwell, 1998, p. 1.

3. 英文书(books)

Richard A. Posner, *The Problems of Jurisprudence*, Harvard University Press, 1990, p. 456.

4. 英美案例(cases)

New York Times Co. v. Sullivan, 76 U. S. 254 (1964). (正文中出现也要斜体)

Kobe, Inc. v. Dempsey Pump Co., 198 F. 2d 416, 420 (10th Cir. 1952).

5. 未发表文章(unpublished manuscripts)

Yu Li, *On the Wealth and Risk Effects of the Glass-Steagall Overhaul: Evidence from the Stock Market*, New York University, 2001 (*unpublished manuscript, on file with author*).

6. 信件(letters)

Letter from A to B of 12/23/2005, p. 2.

7. 采访(interviews)

Telephone interview with A (Oct 2, 1992).

8. 网页(internet sources)

Lu Xue, *Zhou Zhengqing Talks on the Forthcoming Revision of Securities Law*, at http://www.fsi.com.cn/celeb300/visited303/303_0312/303_03123001.htm?

图书在版编目(CIP)数据

法律书评.12/苏力主编.—北京:北京大学出版社,2017.9
ISBN 978-7-301-28359-2

Ⅰ.①法… Ⅱ.①苏… Ⅲ.①法律—著作研究—世界 Ⅳ.①D9

中国版本图书馆 CIP 数据核字(2017)第 115900 号

书　　名	法律书评(12) FALÜ SHUPING(12)
著作责任者	苏　力　主编
责 任 编 辑	陈晓洁
标 准 书 号	ISBN 978-7-301-28359-2
出 版 发 行	北京大学出版社
地　　址	北京市海淀区成府路 205 号　100871
网　　址	http://www.pup.cn　http://www.yandayuanzhao.com
电 子 信 箱	yandayuanzhao@163.com
新 浪 微 博	@北京大学出版社　@北大出版社燕大元照法律图书
电　　话	邮购部 62752015　发行部 62750672　编辑部 62117788
印 刷 者	三河市博文印刷有限公司
经 销 者	新华书店
	965 毫米×1300 毫米　16 开本　11 印张　171 千字 2017 年 9 月第 1 版　2017 年 9 月第 1 次印刷
定　　价	35.00 元

未经许可,不得以任何方式复制或抄袭本书之部分或全部内容。
版权所有,侵权必究
举报电话:010-62752024　电子信箱:fd@pup.pku.edu.cn
图书如有印装质量问题,请与出版部联系,电话:010-62756370